W0354295

COLLECTION DISPUTATIO

QUI NOUS FERA VOIR LE BONHEUR ?

DES MÊMES AUTEURS

Christophe André

Comment gérer les personnalités difficiles (avec François Lelord), Odile Jacob, 1996.
La Peur des autres (avec Patrick Légeron), Odile Jacob, 2000.
La Force des émotions (avec François Lelord), Odile Jacob, 2001.
Vivre heureux. Psychologie du bonheur, Odile Jacob, 2003.
Psychologie de la peur, Odile Jacob, 2004.
Imparfaits, libres et heureux, Odile Jacob, 2006.
De l'art du bonheur, L'Iconoclaste, 2006.
L'Estime de soi (avec François Lelord), Odile Jacob, 2007.
Guide pratique de psychologie quotidienne (en collaboration), Odile Jacob, 2008.
Les États d'âme, Odile Jacob, 2009.
Je dépasse mes peurs et mes angoisses (avec Muzo), Éd. du Seuil, 2009.
Je guéris mes complexes et mes déprimes (avec Muzo), Éd. du Seuil, 2010.
Secrets de psys (en collaboration), Odile Jacob, 2011.
Méditer, jour après jour, L'Iconoclaste, 2011.
Je résiste aux personnalités toxiques (avec Muzo), Éd. du Seuil, 2011.
Sérénité. 25 histoires d'équilibre intérieur, Odile Jacob, 2012.
Et n'oublie pas d'être heureux, Odile Jacob, 2014.

Martin Steffens

Nietzsche, Ellipses, 2008.
Prier 15 jours avec Simone Weil, Nouvelle Cité, 2009.
Une journée philosophique (en collaboration), Ellipses, 2010.
Petit Traité de la joie, Salvator, 2011.
Vivre ensemble la fin du monde, Salvator, 2012.
La Vie en bleu, Marabout, 2014.

Christophe André
Martin Steffens

Qui nous fera voir le bonheur ?

LE PASSEUR
ÉDITEUR

Collection « Disputatio »
dirigée par Gabriel Raphaël Veyret

Ce titre a été publié
avec la collaboration de l'association Disputatio

www.lepasseur-editeur.com

© Le Passeur, 2014
ISBN : 978-2-36890-070-3

AVERTISSEMENT

Renouant avec l'art de la controverse publique qui enchanta le Moyen Âge, l'association Disputatio et le Centre théologique universitaire de Rouen invitent chaque année, dans le cadre prestigieux des fêtes Jeanne d'Arc, deux maîtres reconnus à s'affronter sur une question pour une meilleure compréhension de ses nuances, de ses implications et de ses conséquences.

Ce volume reprend l'argumentation, revue, adaptée et complétée, d'une controverse tenue en public, à Rouen, le vendredi 24 mai 2013. Il en garde la marque de la transmission orale.

AVANT-PROPOS

« QUI nous fera voir le bonheur ? » La plupart des personnes présentes à la cathédrale de Rouen, le vendredi 24 mai 2013, lors de la dixième édition de la *disputatio* avaient déjà répondu à la question.

Les uns, souvent peu familiers du lieu, étaient là pour entendre le médecin psychiatre Christophe André, dont ils avaient lu les livres avec profit. Comment ne pourrait-il pas nous faire voir le bonheur, celui qui proclame qu'on peut apprendre à être heureux et qui propose des exercices à accomplir pour y parvenir ? Les autres étaient impatients d'écouter Martin Steffens dont le *Petit Traité de la joie* leur avait ouvert des chemins de vie. Comment ne pourrait-il pas nous faire voir le bonheur, le philosophe chrétien qui affirme que le don total que le Christ fait de lui-même sur la Croix répond à l'angoisse d'être aimé qui étreint tout homme ?

Cette attente de quelqu'un qui puisse nous faire voir le bonheur est déjà un chemin vers ce dernier. Comme le dira Christophe André, le bonheur a toujours quelque chose de relationnel à son origine. Et Martin Steffens précisera que, même si on ne sait pas qui peut nous faire voir le bonheur, c'est forcément quelqu'un ! Mais ce quelqu'un n'est pas d'abord le maître dont on met en œuvre les enseignements. Il s'agit, selon la belle formule de Martin Steffens, « d'une personne avec laquelle écrire une histoire d'amour ».

C'est à un tel déplacement que chacun des débatteurs a voulu conduire ceux qui étaient venus pour lui. C'est aussi l'enjeu de la *disputatio* que d'amener chacun, à commencer par les maîtres qui s'y exposent, à se laisser bousculer par le dialogue qui s'instaure. Pour avoir accepté de jouer le jeu d'un dialogue respectueux mais exigeant, profond mais accessible, Christophe André et Martin Steffens nous offrent un livre passionnant, mais surtout utile à tous ceux que la question du bonheur concerne, c'est-à-dire tout le monde. En effet, si la question du bonheur est la plus personnelle, elle est aussi la plus universelle. Tous les hommes aspirent à être le plus heureux possible.

Si l'échange que nous allons lire peut ainsi nous rejoindre tous, c'est aussi parce que les auteurs considèrent l'un et l'autre la question du bonheur dans sa dimension dramatique. Savoir qui peut nous rendre heureux n'est pas un luxe réservé à ceux qui ont assuré leur existence quotidienne, à ceux qui n'ont plus le souci du lendemain ni d'angoisses profondes. Au contraire ! Martin Steffens fera remarquer que la question « Qui nous fera voir le bonheur ? » est un cri qui jaillit de la supplication que les hommes, à travers les psaumes de la Bible, font monter vers Dieu. Christophe André dira, quant à lui, que « le bonheur est un sujet tragique, magnifique, intimidant, grave ».

La question du bonheur est donc une question vitale. Avec cette particularité qu'elle trouve sa réponse – les deux auteurs insisteront dessus, chacun à sa manière – dans l'attention aux joies du quotidien et dans le partage avec d'autres.

C'est pourquoi les organisateurs de la *disputatio* sont heureux de partager ce livre avec vous et vous souhaitent de trouver beaucoup de joie à sa lecture.

P. Philippe Maheut.

CHRISTOPHE ANDRÉ

PUISQUE le tirage au sort des interventions pour cette *disputatio* m'a offert de parler le premier, je vais commencer par préciser un certain nombre de points, au premier rang desquels la raison de mon intérêt particulier pour ce thème du bonheur.

Pourquoi le bonheur ?

Il s'agit, avant tout et évidemment, d'un intérêt d'être humain : comme l'ont depuis longtemps noté les philosophes, tous les humains sont concernés par le bonheur, tous les humains aspirent à être heureux, aussi heureux que possible. Pour moi, le bonheur a longtemps représenté un mystère : dans la famille dans laquelle j'ai grandi, il n'était pas une priorité ; la priorité c'était de faire face aux aléas de l'existence, de ne pas retomber dans la pauvreté où mes parents avaient grandi. Je ne les ai que rarement vus heureux, ou cherchant à l'être. Je les ai souvent vus, en revanche, tout faire pour assurer notre sécurité matérielle. C'était sans doute chose courante dans les familles modestes et pour cette génération qui avait connu la guerre dans son enfance. Mais c'était mon horizon. Il ne s'est découvert et éclairci pour moi que lorsque j'ai quitté ma famille pour suivre mes études de médecine à Toulouse : là, au cours des moments de vie et de colocation dans de grands appartements partagés avec des amis étudiants, j'ai découvert à travers eux ce que pouvait être l'insouciance, le plaisir de profiter du présent, de vivre de pas grand-chose mais joyeusement. J'ai eu du mal au début, mais j'ai senti qu'il y avait là quelque chose qui ne relevait pas de la folie mais de la sagesse. C'est durant ces années que j'ai décidé de m'orienter, une fois ma médecine terminée, vers la psychiatrie.

Car mon intérêt pour le bonheur est aussi un intérêt professionnel. Au début, ce qui me passionnait en psychiatrie, c'était ce que nous appelons des « troubles émotionnels », c'est-à-dire des difficultés de nature anxieuse ou dépressive, qui peuvent aboutir à des maladies comme la dépression, des phobies, des attaques de panique et à toutes formes d'anxiété entraînant des problèmes chroniques ou récurrents. Très tôt, j'ai été frappé par la nécessité d'aider les personnes que nous soignions à prendre en compte leur bonheur. Au fond, lorsque quelqu'un est dans un état dépressif sévère, nous arrivons le plus souvent à le guérir. Mais après ? Autrefois, on disait à ces patients : « Oubliez, n'y pensez plus ; voilà, c'est du passé, maintenant tournez-vous vers la vie, savourez la vie et tout cela ne reviendra pas. » Malheureusement ça revenait : « ça » – c'est-à-dire la maladie dépressive ou anxieuse – revient régulièrement, si on ne fait rien, si on se remet à vivre comme avant d'être malade. Alors, nous autres médecins tenons aujourd'hui un discours différent. Car nous savons qu'en l'absence de soins de suite, après un épisode dépressif, si on ne maintient pas les médicaments assez longtemps, ou si on ne s'engage pas dans une psychothérapie assez efficace, ou si on ne fait pas certains efforts pour changer son style de vie, ou ces trois choses à la fois, alors, la dépression revient, les crises d'angoisse reviennent, et le patient souffre et s'effondre à nouveau. Aujourd'hui, et depuis près de vingt-cinq ans, je suis médecin psychiatre à l'hôpital Sainte-Anne, à Paris, et mon métier consiste à aider les personnes vulnérables, avec des risques importants de rechutes dépressives ou anxieuses, à modifier leur vision du monde et leur style de vie pour devenir plus solides et plus stables émotionnellement. Parmi les outils que j'utilise, il y a l'amélioration de l'estime de soi, la régulation des émotions, la méditation, et bien sûr le travail sur le bonheur.

Psychiatrie et psychologie positive

Mais peut-être vous semble-t-il bizarre que je vous parle, lors d'un débat consacré au bonheur, de la souffrance et de la maladie ? Pourtant, il me semble que c'est bien comme cela que ça se passe dans nos vies. La nécessité du bonheur n'est jamais aussi vive, n'est jamais aussi forte que lorsqu'on souffre, lorsqu'on a souffert ou lorsqu'on voit d'autres personnes souffrir. Quand on est soignant, on n'a guère envie d'ironiser sur le bonheur, ou de le dévaloriser : nos patients en manquent trop, ou en ont trop besoin. Et nous sentons bien qu'il nous est nécessaire d'être heureux pour bien soigner sans nous épuiser, sans nous user, sans nous abîmer : c'est le bonheur qui donne aux soignants la force de la compassion. Sans lui, face aux souffrances de nos patients, notre empathie s'émousserait et nous ferait souffrir.

Pour en revenir à ce je vous disais à l'instant, nous avons donc, nous les psychiatres, modifié notre discours adressé aux patients fragiles. Ce n'est plus « oubliez et n'y pensez plus », mais « vivez différemment, prenez le temps de réfléchir pour voir comment rendre votre vie plus heureuse, comment considérer de manière plus sérieuse tout ce qui peut vous donner un peu plus de bonheur ». Le bonheur, ou du moins davantage de bonheur, comme outil de prévention, en quelque sorte. Pas une garantie absolue de ne jamais rechuter, mais une chance augmentée de rester en bonne forme plus longtemps.

Aussi sommes-nous de plus en plus nombreux – psychologues, psychothérapeutes, psychiatres – à nous être engagés dans un mouvement de réflexion qui parcourt nos disciplines depuis de longues années maintenant[1]. Son objectif est d'étudier les moyens que nous avons d'apprendre à nos patients à se rendre un peu plus heureux qu'ils n'auraient pu l'être spontanément. Ce mouvement s'appelle « psychologie positive » et nous aurons sans doute l'occasion d'y revenir.

Les études conduites sur ce qui influence notre bien-être montrent le plus souvent que nos aptitudes au bonheur dépendent de divers facteurs, dont certains ne sont plus à notre portée car ils sont, par exemple, d'ordre génétique. Il y a, en matière d'aptitude au bonheur, les mêmes inégalités que dans tous les autres domaines composant un être humain (mais ces inégalités de départ sont heureusement largement rattrapables). D'autres influences tiennent à notre passé, à ce qu'il a été, à la

1. Jacques Lecomte (sous la dir. de), *Introduction à la psychologie positive*, Dunod, 2009.

manière dont nous avons vu vivre nos parents, à celle dont ils nous ont aimés, élevés, aux événements que nous avons vécus ; tout cela pèse énormément sur nos aptitudes à être heureux par la suite. Toute cette partie, liée à la génétique ou au passé, il est bien sûr difficile d'y revenir, de la réécrire, de la modifier. En revanche, l'autre moitié de nos aptitudes à être heureux dépend du présent, des circonstances qui nous entourent, et de certains efforts de notre part. Ce sont précisément ces efforts-là qui m'ont intrigué, très tôt. Et d'abord, comme je vous le disais, à titre personnel, parce que, en tant qu'humain, je m'intéresse beaucoup au bonheur et que je n'ai jamais fait partie des personnes douées pour celui-ci.

Les surdoués du bonheur

En effet, il y a des gens doués pour le bonheur, il y a même des surdoués ! J'en connais plusieurs, qui ne font par définition pas partie de mes patients, mais que la vie m'a donné la chance de pouvoir croiser ou côtoyer. Ainsi, mon beau-père, par exemple, est un surdoué du bonheur. Je l'aime beaucoup de manière générale, mais, par ailleurs, je l'admire grandement pour cette dimension de sa personnalité ; il me fascine, et j'ai un plaisir extrême à l'observer vivre. Pour vous faire comprendre jusqu'où peut aller chez lui cette aptitude, je vais vous raconter la perle de la collection d'histoires incroyables qui le concernent, la plus fabuleuse. Je vais vous la faire partager parce que c'est quand même un « truc » extraordinaire.

Mon beau-père habite au Pays basque, avec ma belle-mère, dans une grande maison assez isolée au cœur de la campagne, face aux montagnes. Il y a quelques années, ma belle-mère était partie en pèlerinage, je ne sais où en Italie, elle l'avait laissé seul pendant une semaine. En se déplaçant pour aller dans son jardin, il tomba assez violemment dans des escaliers en pierre et s'ouvrit le crâne sur vingt bons centimètres. Il s'assomma, et se réveilla au bout d'un quart d'heure, baignant dans son sang – vous savez que les plaies au cuir chevelu saignent énormément. Il eut à peine la force de ramper jusqu'au téléphone, d'appeler les secours, puis il s'évanouit. Le Samu arriva. Au vu de son état, on décida de l'évacuer en hélicoptère. On l'amena alors à l'hôpital de Bayonne, on le soigna, puis tout alla bien ou à peu près bien. L'histoire médicale était terminée, mais le plus intéressant commençait. Le soir, à la maison, nous reçûmes un coup de téléphone : c'était mon beau-père. Ravi de tomber sur moi, il s'exclama : « Ah ! Christophe, je viens de vivre une journée extraordinaire ! Oui, extraordinaire ! J'ai survolé le Pays basque en hélicoptère, c'était magnifique. Puis je suis arrivé dans un hôpital où tout le monde a été très gentil, m'a très bien accueilli, les infirmières étaient charmantes et compétentes, les médecins de même. Et là, je suis tranquillement installé dans une chambre, au calme. » Je lui demandai : « Mais, Pierre, où êtes-vous ? Que s'est-il passé exactement ? » Et lui de me répondre : « J'ai eu un petit accident, mais tout est réglé maintenant, et toute cette aventure aura vraiment été quelque chose d'incroyable. » Toute la vie de mon beau-père est construite de cette façon, toute sa vision du monde est organisée comme cela : quand il lui arrive quelque chose, quoi que ce soit, il est capable d'en extraire ce qu'il y a d'agréable, d'admirable, d'extraordinaire, tout ce qu'on voudra de positif et d'intéressant. Lui, c'est vraiment un surdoué du bonheur ! Il m'intéresse beaucoup comme objet d'étude et d'observation, mais quand je lui en parle, quand j'essaie de discuter avec lui de ses secrets, de sa méthode, il me dit qu'il ne fait aucun effort, que c'est comme ça, que la vie est tellement belle qu'il n'y a qu'à ouvrir les yeux pour être heureux, que Dieu nous a voulus heureux... C'est un homme très pieux, qui va régulièrement chez les bénédictins d'un monastère voisin faire des retraites et prier. Il se sent porté par sa foi, mais je pense aussi, sans vouloir diminuer le rôle de cette dernière, qu'il est psychologiquement équipé de cette façon.

Et lorsqu'on n'est pas un surdoué du bonheur ?

Malheureusement, nous ne sommes pas tous aussi bien lotis ! Nous ne sommes pas tous des surdoués du bonheur. Moi le premier, et la plupart des gens que j'ai à soigner, et beaucoup des personnes avec qui j'en parle. Ainsi donc, depuis pas mal d'années maintenant, nous réfléchissons à ce qu'on appelle la psychologie positive. Pourquoi « positive » ? Est-ce à dire que pendant longtemps la psychologie était une psychologie « négative » ? C'est un peu ça : on cherchait avant tout à réparer ce qui n'allait pas, on s'intéressait au stress, à l'anxiété, à la dépression, à toutes les souffrances qui faisaient écran au bonheur. On raisonnait alors selon l'aphorisme de Jules Renard, dans son *Journal* : « Notre bonheur, c'est le silence du malheur[1]. » Et puis, lorsqu'on avait fait le boulot de bon mécanicien de l'esprit, on estimait qu'on avait terminé, que le reste appartenait au patient et à son environnement. Aujourd'hui, on sait bien qu'il ne faut plus raisonner comme cela, qu'il faut faire ce qu'on appelle de la prévention : aider nos patients à construire leur santé, et non pas seulement les soigner quand ils sont tombés malades. C'est un mouvement général. En médecine aujourd'hui, on sait bien qu'il ne faut pas attendre que les gens aient un infarctus pour leur donner des conseils quant à leur hygiène de vie, qu'il vaut mieux les leur donner avant. En psychologie, c'est la même chose, on préfère prévenir nos patients – notamment les patients vulnérables, les patients « à risque » comme nous disons, on préfère les alerter et surtout les aider à réfléchir à ce qui peut leur apporter davantage de bonheur, et les inciter à agir pour changer leur psychisme et leur vie en ce sens.

C'est pour cela que mon intervention et mon débat avec Martin Steffens vont être marqués par cette position de médecin. Ce qui m'intéresse dans le bonheur c'est bien sûr sa nature, dont nous allons parler, mais c'est surtout la possibilité de l'apprendre, la possibilité de le transmettre et la possibilité de le travailler. En matière de bonheur, comme pour beaucoup d'autres choses, il y a des inégalités très importantes entre les personnes mais ces inégalités sont pratiquement toutes rattrapables. Vous savez que chez les enfants, il y a des inégalités en matière de compétence scolaire, certains

1. Jules Renard, *Journal*, 21 septembre 1894, Robert Laffont (coll. « Bouquins »), 1990, p. 192.

sont plus doués que d'autres. Mais vous savez également que ce n'est pas parce qu'un enfant est doué qu'il va réussir ses études. Il peut – justement parce qu'il est doué et qu'il ne fait pas assez d'efforts – rater, gâcher ses potentialités alors qu'un enfant moins doué – conscient de son état mais plus assidu, plus acharné, plus travailleur – pourra, au contraire, dépasser ses limitations et finalement conduire ses études d'une façon plus satisfaisante pour lui. Il peut parfaitement en être de même pour l'aptitude au bonheur : malgré une enfance harmonieuse et protégée, et des parents heureux, certaines personnes connaîtront moins de bonheur que d'autres qui auront été moins bien servies au départ. Souvenez-vous de ce que j'évoquais tout à l'heure : la moitié de notre bonheur reste à écrire et à construire par nous-mêmes !

Une définition du bonheur en forme d'équation

La manière dont on aborde la question du bonheur dépend aussi beaucoup de la définition qu'on en donne. J'ignore quelle définition Martin Steffens va utiliser pour nous parler du bonheur, mais je vais vous proposer la mienne, qui est la définition que je donne à mes patients. Je l'aime beaucoup parce qu'il me semble qu'elle est simple, juste et pédagogique ; et vous avez compris que tout ce qui est pédagogie et enseignement du bonheur me tient énormément à cœur. De mon point de vue et du point de vue d'un certain nombre de mes collègues, le bonheur pourrait se résumer à une sorte d'équation mathématique selon laquelle le bonheur, c'est du bien-être plus de la conscience. Si j'avais un tableau noir, j'écrirais :

Bonheur = bien-être + conscience.

Ce qu'on appelle le bien-être est une donnée animale : tous les animaux ressentent du bien-être. On ressent du bien-être lorsqu'on a le ventre plein, lorsqu'on mange de bonnes choses, lorsqu'on est dans des environnements où on se sent en sécurité, où il fait beau, où il n'y a pas de prédateurs, où il y a de la nourriture et des ressources. On ressent du bien-être quand on est avec des congénères pacifiques, bienveillants, aidants, etc. Donc les cochons, les moutons, les dindons ressentent du bien-être, et les humains aussi. Par exemple, si vous êtes en train de manger un bon plat, avec quelqu'un que vous aimez bien, dans un endroit agréable, c'est du bien-être. C'est déjà très bien que cela survienne dans nos vies, en tout cas, c'est mieux que du mal-être : mieux que manger des aliments insipides, avec quelqu'un qu'on n'aime pas, dans un endroit laid.

Mais ce n'est *que* du bien-être. Les humains peuvent faire mieux, ressentir quelque chose de plus fort. Nous parlons alors de *bonheur* : bonheur lorsque, dans notre bien-être, quelque chose de différent se passe, lorsque, tout à coup, nous prenons conscience de la beauté, de la douceur, de l'harmonie, de la sérénité, bref, de toutes les grâces contenues dans cet instant. Lorsque tout à coup, nous réalisons que c'est une chance de manger ce que nous mangeons, que c'est une chance d'être avec cette personne, que c'est une chance d'être dans cet endroit, que c'est une chance finalement d'être en vie et de pouvoir tout simplement savourer cet instant. À ce moment, lorsque nous prenons conscience de cette chance ou de cette grâce, le sentiment de bien-être, qui, encore une fois, est un sentiment agréable dont je ne conteste pas l'utilité ni la nécessité, le sentiment de bien-être donc se transforme, se transcende en quelque chose de beaucoup plus fort, de beaucoup plus vaste : le bonheur.

Bonheur et mémoire du bonheur

Pour en rester aux simples aspects psychologiques – nous parlerons peut-être d'autres dimensions tout à l'heure –, ce sentiment de bonheur va, par exemple, s'inscrire dans ma mémoire beaucoup plus fortement qu'un simple sentiment de bien-être. Si je mange quelque chose de bon avec un ami, mais que mon esprit n'est pas conscient de ce qui m'arrive, que je suis en train de penser à mon travail, à des soucis, à l'endroit où j'ai garé ma voiture, cela reste du bien-être, mais cet instant sera vite oublié, effacé de ma vie. Si, en revanche, j'ouvre les yeux de mon esprit, si je prends conscience de la chance que j'ai de me trouver en vie, à cet endroit, avec cette personne, en train de manger ce repas, il y a de fortes chances pour que cet instant agréable devienne un moment heureux et pour que ce souvenir banal soit un souvenir heureux ; un tout petit souvenir heureux, certes, mais un souvenir heureux quand même.

Et il y a aussi de fortes chances que je le mémorise d'une façon beaucoup plus nette et qu'il soit beaucoup plus accessible ensuite, lorsque j'aurai besoin justement de m'appuyer sur des souvenirs heureux : lorsque, par exemple, je serai confronté à l'adversité. Si ne me reviennent alors à l'esprit que les moments négatifs auxquels j'aurai prêté attention (et vous savez qu'on fait plus attention à nos ennuis qu'à nos chances), je me dirai : « Voilà, c'est toujours pareil, tu n'as pas de chance. » En revanche, si régulièrement je prends conscience de mes instants heureux, les soucis n'altéreront pas le sentiment d'une vie globalement heureuse, malgré les inévitables pépins de l'existence.

De manière étonnante, la plupart des études et enquêtes réalisées auprès des populations à propos du bonheur donnent, en Occident, à peu près toujours les mêmes résultats : environ 80 % des personnes interrogées se disent heureuses ou à peu près heureuses, satisfaites de leur existence. Cela ne signifie pas forcément qu'au moment précis où on leur pose la question elles se sentent heureuses, mais que, globalement, en songeant à ce qu'est leur vie, elles la jugent heureuse. Le philosophe André Comte-Sponville dit justement à ce propos : « Être heureux, ce n'est pas être toujours joyeux (qui peut l'être ?) ni ne l'être jamais : c'est pouvoir l'être, sans qu'on ait besoin pour cela que rien de décisif n'advienne ou ne change[1]. » C'est dire l'importance de cette petite certitude, hébergée tout au fond de notre être : « Je peux être heureux, aujourd'hui, demain ; je le peux car je l'ai été tant de fois que je m'en souviens, et que je sais la chose possible… »

1. André Comte-Sponville, article « Bonheur » in *Dictionnaire philosophique*, PUF, 2013, p. 135.

Simplicité et puissance

Cette définition, cette façon de voir le bonheur, comme une prise de conscience du bien-être, peut paraître un peu limitée. Pourtant, pour nous elle est très précieuse parce qu'elle nous permet d'ouvrir les yeux des personnes avec qui nous travaillons à partir de quelque chose de très simple, de gratuit, d'accessible à tous : faire attention à sa vie, prêter attention aux petits détails, être prêt à ouvrir sa conscience à chaque seconde. Cette définition permet de se rendre compte que, sans conscience, sans prise de conscience, sans lucidité, nous resterons au niveau du bien-être et nous ne connaîtrons pas le bonheur. Ce n'est pas qu'un point théorique, qu'une discussion d'experts. Il y a un impact sur notre vie. Cela nous permet de ne pas nous noyer trop souvent face à la petite adversité, aux tracas ordinaires, cela « muscle » nos capacités à ne jamais oublier que vivre est une chance inouïe, quelle que soit notre vie. Cela nous entraîne à ne pas voir que les soucis, que les ennuis, à ne pas nous laisser absorber par eux.

Lorsque notre esprit est préoccupé, lorsque nous sommes englués dans nos ruminations sur le passé ou nos anticipations sur l'avenir, ou encore lorsque nous sommes agacés par les petites contrariétés de notre existence, eh bien, même si le bien-être est là, même si nous avons « tout pour être heureux », comme on dit, nous ne serons pas heureux, et nous ne saurons pas relativiser nos ennuis, parce que nous ne serons pas ouverts à ce qui est autour de nous qui pourrait nous rappeler que si nous sommes heureux c'est parce que nous sommes vivants, tout simplement. Nul mieux que Christian Bobin, dans son livre *Les Ruines du ciel*, n'a décrit cette fulgurance de la conscience pour nous ouvrir les yeux sur l'essentiel, alors que nous sommes en train de vivre un instant ordinaire : « Dans la station d'essence mitraillée par la giboulée, attendant que se remplisse le réservoir de la voiture, je me suis rappelé soudain que j'étais vivant et la gloire a d'un coup transfiguré tout ce que je voyais. Plus rien n'était laid ni indifférent. Je connaissais ce qui était retiré aux agonisants. Je le goûtais pour eux, je leur offrais silencieusement cette splendeur effrayante de chaque seconde[1]. » Faire le plein d'essence sous la pluie battante peut ainsi être une expérience de bonheur, puisque c'est une expérience de vie.

Habituation hédonique

Tout pourrait donc être si simple ! La plupart d'entre nous, qui menons des existences ordinaires – je veux dire sans drames majeurs et constants –, pourrions ainsi être plus heureux simplement en ouvrant les yeux. Nous le faisons de temps en temps. Mais, peu à peu, nous nous lassons de ce qui est toujours là, toujours présent, nous oublions d'en prendre conscience. C'est ce qu'on appelle, dans notre jargon psychologique, l'« habituation hédonique » ou l'usure hédonique. L'habituation hédonique, c'est un phénomène mental qui fait qu'une chose, un geste, un objet, une relation, qui nous rend heureux au début, si elle reste toujours là, finit par perdre son pouvoir de nous rendre heureux. Au fond, l'habituation hédonique dit simplement ceci : une source de bonheur qui est permanente

1. Christian Bobin, *Les Ruines du ciel*, Gallimard, 2009, p. 36.

et constante, toujours présente dans notre quotidien, tend à être oubliée en tant que source de bonheur. Nous ne la voyons plus, nous ne l'entendons plus, ne la sentons plus. Nous ne sommes plus sensibles à sa magie. Ainsi, nous oublions le bonheur absolu qu'il y a à être en vie, le bonheur qu'il y a à être aimé ou à aimer d'autres personnes, le bonheur qu'il y a à vivre en démocratie, le bonheur qu'il y a à manger…

Il faut que ce bonheur nous soit retiré pour que, tout à coup, nous en prenions conscience. Lorsque je conduisais, dans le service, des groupes de psychologie positive, nous avions mis au point avec nos patients un exercice qui s'appelle « démocratie et douche chaude ». Un petit exercice où on leur demande de faire attention à toutes les sources potentielles de bonheur auxquelles ils sont devenus aveugles et sourds, tout simplement parce qu'elles sont là tous les jours. On leur dit par exemple : « Ce matin, il est probable que la plupart d'entre vous avez pris une douche chaude. Il est peu probable, par contre, que cette douche chaude vous ait rendu heureux, peu probable que vous ayez pris conscience de votre chance de pouvoir vous laver, tranquillement, à l'eau chaude. Mais si demain ou après-demain, votre chaudière tombe en panne et que vous devez vous doucher à l'eau froide, vous prendrez conscience que ce n'est pas agréable. Et lorsque le plombier sera enfin passé, la première douche que vous prendrez et qui sera de nouveau chaude vous rendra heureux : vous la savourerez, vous vous direz que c'est tout de même merveilleux. En tout cas, cela aura lieu au moins le premier matin où vous la prendrez, et puis ça s'usera. C'est un phénomène normal, mais qu'il faut connaître pour pouvoir l'entraver. »

Car cette « habituation hédonique » représente un problème constant par rapport à ce qu'on appelle le bonheur, c'est-à-dire cette capacité à extraire du quotidien des instants de conscience portés sur tout ce qui va bien dans nos existences. Vous pourrez me dire que c'est une définition bien humble et bien modeste du bonheur, qu'il y a des choses peut-être beaucoup plus importantes qu'une douche chaude ou un bon repas avec des amis. Que je manque d'ambition en limitant le bonheur à cela. Mais je voudrais vous préciser quelques points.

Petits, tout petits bonheurs ?

D'abord, en tant que médecin, en tant que thérapeute, je n'ai pas à parler à mes patients de choses trop difficiles à atteindre, de choses trop compliquées à comprendre : ce sont souvent des personnes fragiles, « cabossées de la vie » comme on dit, et je ne veux pas les mettre en échec avec des objectifs de bonheur trop ambitieux. Donc, je travaille avec des choses très, très simples, je les accompagne sur un chemin facile et accessible, au moins au début. Car, pour la suite, j'ai tout de même une idée derrière la tête et des ambitions pour eux (dont je ne leur parle pas trop vite pour ne pas leur mettre la pression).

Car cette formule :

Bonheur = bien-être + conscience

peut se décliner à l'infini, et nous emmener très loin et très haut. Si ce qui nous apporte du bien-être ce sont des actions potentiellement chargées de sens, comme rendre service à quelqu'un ou être aidé par un proche, le fait de prendre conscience de ces actions pleines de sens va me rendre profondément heureux. Nous avons, par exemple, dans ce travail de psychologie positive, beaucoup d'exercices sur la gratitude. La gratitude est un ressenti émotionnel très puissant et très important en psychologie positive. Nous définissons la gratitude comme une émotion reposant sur deux phénomènes : premièrement, la prise de conscience d'un bien qui nous arrive, d'un bien qui survient dans notre existence ; et deuxièmement, l'attribution de ce bien à une autre personne. Je prends conscience qu'il m'arrive quelque chose de bon, que je le dois à quelqu'un, et cela me réjouit : c'est cela la gratitude. Si nous y réfléchissons bien, la plus grande partie de ce qui nous arrive de bon dans une journée est dû à d'autres humains. La totalité, même ! Cherchez bien, vous allez voir à quel point il est difficile de trouver un bien qui ne doive rien à autrui, et qui ne provienne que de nous-mêmes !

Parmi ces bonnes choses de la vie que nous devons aux autres, il y a bien sûr tous les sourires, toutes les paroles gentilles, tous les gestes d'aide, tout ce qui est dirigé volontairement vers nous : c'est assez facile à identifier. Mais il y a aussi tout le reste : si vous écoutez une musique agréable à la radio ou sur un disque, vous avez l'impression qu'il s'agit d'un plaisir qui ne concerne que vous ; c'est vous qui avez allumé l'appareil, c'est vous qui avez lancé la musique ; mais en réalité, cette musique a été imaginée, composée, interprétée par d'autres humains. Lorsque vous prenez votre douche le matin et que vous faites l'exercice de vous dire : « J'ai de la chance de ne pas être un cochon, un dindon, une araignée mais plutôt un humain, car j'appartiens à une espèce qui a inventé l'eau chaude à volonté, les canalisations, les chauffe-eaux… » ; lorsque vous prenez votre douche et que vous vous apercevez que tout ce que vous vivez à cet instant est dû à une multitude d'intelligences et d'aides humaines, même si elles n'étaient pas directement centrées sur vous, eh bien vous faites un exercice de gratitude ! On a pu montrer que lorsque je savoure quelque chose en en prenant conscience que je le dois à d'autres, ça me fait encore plus de bien que si je le savoure dans mon petit monde clos, dans une illusion d'autarcie. Chaque fois que je prends conscience que la quasi-totalité de ce qui m'arrive de bon est dû à d'autres personnes, alors mon bien-être est encore plus grand, mon bonheur est encore plus fort. La gratitude est un sentiment de dette joyeuse : elle m'aide à voir tous ces liens humains, connus ou inconnus, qui embellissent ma vie, elle m'aide à comprendre que, sans les autres, mon existence serait bien triste et insipide. Ce fruit que je mange et savoure – bonheur ! – a été planté, jardiné, cueilli et amené jusqu'à moi par d'autres ; sans eux, je ne le savourerais pas à cet instant – double bonheur !

Lorsqu'on est croyant, on peut bien évidemment élargir encore plus ce sentiment de gratitude ou l'élever encore plus : ma gratitude porte non plus seulement sur mes semblables mais sur le Dieu aimant et bienveillant qui m'a créé et qui veille sur moi. Cette pensée peut alors me rendre profondément et tranquillement heureux.

Voilà donc pourquoi cette équation simpliste :

Bonheur = bien-être + conscience

est tout pour moi sauf simpliste, justement ! Elle est simple, ce qui n'est pas la même chose. Voilà aussi pourquoi, en psychologie positive, nous pouvons décliner à partir d'elle tout un ensemble d'interventions, tout un ensemble d'exercices – puisque nous appelons cela des exercices – que nous proposons à nos patients. Et lorsque les patients les font – car tout cela est très simple mais encore faut-il le pratiquer régulièrement – ils vont être en mesure d'élever leurs aptitudes à se sentir mieux, à se sentir un peu plus heureux, un peu plus souvent, un peu plus régulièrement.

Il y a beaucoup, beaucoup d'autres choses à dire, vous vous en doutez. Mais ce qui nous réunit ce soir, c'est une *disputatio*, ce n'est pas un monologue. Je vais donc maintenant goûter au bonheur de me taire et de me reposer, et surtout à celui d'écouter Martin Steffens.

MARTIN STEFFENS

« QUI nous fera voir le bonheur ? » Telle est la question qui nous a été proposée, à M. André et à moi, pour cette *disputatio*. C'est une question un peu étrange, vous ne trouvez pas ?

Une question trop personnelle

En tant que professeur de philosophie, quand il m'arrive de donner à mes étudiants un sujet de dissertation sur le bonheur, je choisis une formulation du style : « Le bonheur des uns fait-il le malheur des autres ? » ou bien : « Qu'est-ce qui rend l'homme heureux ? » Car s'il me prenait de leur poser la question : « Qui nous fera voir le bonheur ? », mes élèves m'accueilleraient avec des yeux ronds… et ils auraient raison : le pronom interrogatif « qui » est bien trop personnel pour susciter une réflexion vraiment philosophique. La philosophie s'intéresse à l'essence des choses, ou à leur raison d'être : elle demande « *Pourquoi* se gâche-t-on le bonheur ? » ou « *Qu'est-ce qu*'un homme heureux ? » et non pas : « *Qui* se gâche le bonheur ? » ou « *Qui* est heureux ? » La philosophie ne désigne pas *quelqu'un*, elle pense *quelque chose* : l'essence du bonheur et les moyens pour y parvenir, par exemple. C'est cet effort d'abstraction qui élève la réflexion philosophique au-dessus des considérations trop particulières, trop dépendantes de chacun. À la question « Qui nous fera voir le bonheur ? », Untel répondra que c'est son psy, l'autre que c'est Dieu, un troisième, écoutant la dimension collective de la question (« Qui *nous* fera voir le bonheur ? »), que c'est le candidat du parti de l'opposition… Et l'on n'en finirait pas d'accumuler les opinions diverses.

La question de cette *disputatio* semble donc tomber à côté de ma discipline, la philosophie. Le bruit de cette chute fait « flop ! » : si je vais en philosophe à une question qui ne l'est pas, je ne peux en effet qu'en faire un, de flop… Je ferais mieux de laisser cette question de côté, de vous parler du bonheur en général, tel qu'il est conçu en philosophie. J'évoquerais, en terrain connu, Épicure, Aristote, Spinoza ou Alain…

Question de dépaysement

Osons pourtant le déplacement. Osons même le dépaysement… « Dépaysement », car le sentiment d'étrangeté que suscite notre question vient de ce qu'il s'agit, justement, d'une question venue de l'étranger : après avoir un peu fouillé ma mémoire, je me suis en effet souvenu que cette question n'a pas d'abord pour pays l'oreille du philosophe, ou du psychothérapeute, mais la bouche du psalmiste. Notre question est extraite du quatrième des Psaumes bibliques[1]. Or les psaumes sont non seulement des chants (et non pas des sujets de dissertation), mais

1. Psaume 4, 7 : « Beaucoup disent : "Qui nous fera voir le bonheur ?" Fais lever sur nous la lumière de ta face, Seigneur. »

majoritairement des chants de supplication ou d'imploration : même quand ils sont des hymnes ou des actions de grâce, ils gardent quelque chose du cri qui, par eux, fut lancé vers Dieu. Il est donc tout à fait naturel que notre question ne se prête pas si facilement à l'étude : elle est faite pour être psalmodiée, pour être priée, pour être criée. Elle s'adresse moins à nous... qu'à Dieu. Si elle s'adresse à nous, c'est, à la limite, pour interroger notre rapport à Dieu. Finalement, demander, dans une supplication, « Qui nous fera voir le bonheur ? », ce n'est pas poser, dans le repos d'une conférence, une question : c'est la jeter à la face du Seigneur.

« Quelqu'un pourrait-il me donner un coup de main ? », demande-t-on, les bras surchargés, pour accuser l'oisiveté de ceux qui discutent tranquillement dans la pièce voisine... Si nous consentons un instant à habiter le lieu d'où résonne notre question, c'est ainsi, je crois, qu'il faudrait l'entendre. Tel est son ton : provocateur. Le début du psaume dit bien : « Je crie, alors réponds-moi, mon Dieu... » Autrement dit, si ce Dieu est bien *mon* Dieu, il n'a pas le choix : il *doit* me répondre. Léon Bloy écrivait que, dans la détresse de nos vies (et quelle vie échappe tout à fait à la détresse ?), on ne devrait s'adresser à Dieu que sous le mode de la sommation[1]. C'est précisément ce que fait notre question. Le psaume 4 semble mettre Dieu devant ses responsabilités : « Toi, du haut des Cieux, es-tu seulement capable de me rendre heureux ? Consentiras-tu à te déranger pour moi ? Réponds-tu, oui ou non, de mon bonheur ? » Voilà Dieu pris à partie...

---

1. Léon Bloy, *Quatre ans de captivité à Cochons-sur-Marne*, note du 9 janvier 1901, in *Journal I 1892-1907*, Robert Laffont, 2006, p. 369.

La situation en est presque cocasse : en général, on se représente Dieu sondant les cœurs et les reins, scrutant chacun de nos actes, de telle sorte que nul ne peut fuir sa Face. Ici, rien de cela, bien au contraire : c'est Dieu qui est prié de ne pas se défiler. « Je crie, alors réponds-moi, mon Dieu… » Laissez-nous un instant tranquilles, semble dire le psalmiste, écartant les curieux : j'ai quelque chose à régler avec Dieu. Entre Lui et moi, c'est une question personnelle.

Toute question est personnelle

Une question personnelle… Mais quelle question ne l'est pas ? Faisons tout de même un peu de philosophie. Et commençons par remarquer ceci (ce sera une première proposition, que j'inscrirai à mon tour sur un imaginaire tableau noir, au-dessous de la formule de Christophe André) :

Toute question est personnelle.

Comment cela ? Regardons-y de près : la question, toute question, est une parole qui se tait, je veux dire une parole qui donne la parole. Son point d'interrogation la ponctue moins qu'elle la suspend à la réponse d'un autre. La question s'achève par un silence et se fait écoute. Anxieuse (« Es-tu sûr que ça va ? ») ou pleine d'espérance (« Tu m'aimes encore ? »), la question se tait pour que quelqu'un puisse répondre. Poser une question, c'est, de fait, toujours la proposer à un autre que soi : toute question est personnelle parce qu'une question est par essence *relationnelle.*

C'est précisément pourquoi on l'utilise pour entrer en relation : « Comment ça va, aujourd'hui ? Vous ne trouvez pas que ça s'est rafraîchi ? Vous avez vu le journal ? », etc.

L'art de questionner

Faire de la question le lieu d'une rencontre, tel était justement l'art de celui qui avait fait des Psaumes sa prière continue : Jésus. Que l'on croie en sa divinité ou non, peu importe pour le moment : chacun d'entre nous, ici, ce soir, croit au moins en l'existence de cette belle cathédrale de Rouen qui nous abrite de la pluie battante et qui est, comme l'écrivait Hegel de l'architecture gothique, comme un *cri de pierre* qui s'élève vers le ciel. Jésus, donc, va nous aider à comprendre en quoi toute question est à la fois personnelle et relationnelle. Chose remarquable pour un maître de vérité : dans l'évangile selon saint Matthieu, Jésus pose plus de questions qu'il n'en reçoit. Vous les avez peut-être en mémoire : « Pourquoi s'inquiéter du vêtement ? », « Et vous, qui dites-vous que je suis ? », « À quoi sert-il de gagner l'univers si l'on perd son âme ? »… Ou encore, à ceux qui veulent lapider la femme adultère : « Qu'avez-vous contre cette femme[1] ? »

Par quatre fois dans ce seul évangile, Jésus demande : « Qu'en pensez-vous[2] ? » Et c'est encore une question qu'il pose sur la Croix et par elle : « Père, pourquoi m'as-tu abandonné[3] ? »

---

1. Évangile selon saint Matthieu, respectivement 6, 28 ; 16, 15 ; 16, 26 ; 26, 10.
2. Matthieu 17, 25 ; 18, 12 ; 21, 28 ; 22, 41.
3. Matthieu 27, 46.

« Papa, demandait un enfant à son père, qui était rabbin, est-il vrai que lorsqu'on pose une question à un Juif, il te répond toujours par une autre question ? » Et le père à son fils : « Qui donc t'a dit cela ? » Jésus s'inscrit en cela dans la tradition juive : en maints endroits de la Bible, il répond… en questionnant ! Aux docteurs de la Loi : « Moi aussi je vais vous poser une question[1]. » Et au légiste qui demande « Comment fait-on pour avoir la vie éternelle ? » : « Dans la Loi qu'est-il écrit ? Que lis-tu[2] ? »

Avec Jésus, le schème classique de la question-réponse devient celui de la question-question, afin que la question qu'on lui pose soit d'abord l'occasion, pour chacun, de découvrir où il en est de sa relation à la vérité : car le tout n'est pas de poser une question, mais de vérifier premièrement si, dans son cœur, on est prêt à en accueillir la réponse. Ainsi le légiste pose une question générale (« Comment fait-on pour avoir la vie éternelle ? ») à laquelle Jésus répond par une question personnelle, presque intime : « Que lis-tu, toi qui poses cette question ? Que me dis-tu de la réponse que tu attends ? » Jésus, c'est donc l'anti-questionnaire : il ne s'agit pas avec lui de donner son avis sur quelque chose d'extérieur au dialogue mais, au contraire, *d'entrer en dialogue* afin de faire, avec lui, l'expérience de la vérité. Ainsi, en réponse à la question : « Comment fait-on pour avoir la vie éternelle ? », Jésus ne donne pas le mode d'emploi du salut. Il remet au contraire le légiste en question, il le remet à cette question que chacun peut faire sienne : de quelle façon comprends-tu la vie

---

1. Matthieu 21, 24-25.
2. Luc 10, 25-26.

éternelle, comment imagines-tu cette vie qui ne meurt pas, de quelle manière enfin crois-tu y parvenir ? Ici déjà, Jésus demande ce qu'il demandera bien plus tard à Pierre : « M'aimes-tu[1] ? » Car tel est le salut, selon Jésus, telle est la voie qui sauve l'homme : consentir à aimer ceux qui nous aiment gratuitement, se laisser aimer par l'Amour.

Chaque personne est une question

Cette ultime question, « M'aimes-tu ? », c'est elle que Jésus est venu poser, c'est elle qu'il est venu déposer au plus profond de notre cœur, pour nous montrer qu'il n'y a rien de plus urgent que d'y répondre : à qui donnes-tu ton cœur ? Est-ce aux plaisirs, à la gloire, à tes petits points d'honneur ? Ou bien est-ce à Celui qui t'aime et qui t'attend, qui ne désespère jamais de tes chutes et se laisse rencontrer dans ton prochain ? En un sens, cette question, Jésus ne la pose pas à l'extérieur de lui : *cette question, c'est son être même.*

Jésus serait donc une question ?... Oui, et il n'est pas le seul. On pourrait en effet dire que non seulement toute véritable question est personnelle (c'est ma première proposition), mais que, à l'inverse, et plus profondément :

Toute personne est une question.

Comment comprendre cette seconde proposition ? Comme ceci : je peux m'imaginer, en fantasme, être

---

1. Jean 21, 16-17.

un homme qui ne pose pas question, comme « on ne pose pas problème »... Être, par exemple, un homme qui, par son assurance, marque du fer de sa présence tous ceux qu'il croise. Je peux toujours rêver d'être une évidence à laquelle chacun doit se rendre : un « Me voici ! » si sûr de lui qu'il n'y aurait rien à redire. Une sorte de *winner* indéfectible. Certes... Mais ce que je suis en réalité, c'est une question, je veux dire une proposition maladroite d'existence, une espérance incertaine, qui a tant besoin d'être reconnue et aimée par un autre que moi. Même Nietzsche, *le* penseur par excellence de l'affirmation souveraine de soi-même, *le* chantre de la fierté aristocrate d'être soi, clôt son œuvre par cette question qui le suspend à un autre que lui-même : « M'a-t-on compris[1] ? »

En vertu de l'inachèvement consubstantiel à toute créature, chaque homme est, pour lui-même, comme pour les autres, une question. Chaque être est en marche vers lui-même, en souffrance de soi. À chaque bifurcation, la question que je suis, que vous êtes, que nous sommes, se pose à nouveau. Aimer son prochain, ce n'est peut-être rien d'autre que, patiemment, l'accompagner sur cette route. Chacun de nous est donc en points de suspension ou d'interrogation, plus que d'exclamation. Ce n'est pas un défaut. Ou plutôt ce défaut, ce manque-à-être, est une grâce : avez-vous remarqué, la rencontre entre deux êtres n'a pas vraiment lieu quand ils se présentent l'un à l'autre comme autosuffisants, comme n'ayant pas besoin l'un de l'autre. Pour qu'une rencontre ait lieu,

---

1. Friedrich Nietzsche, *Ecce homo*, « Pourquoi je suis un destin », § 9.

il faut que quelque chose offre prise : il faut une faille, une brisure, quelque chose à quoi l'autre puisse s'accrocher – et non pas cette perfection toute lisse à laquelle on aspire pourtant. La rencontre avec autrui a comme lieu notre propre finitude, notre inaccomplissement. Dans la rencontre véritable, l'un et l'autre se disent : « J'ai soif. » Et c'est, selon moi, un joyeux mystère que la soif de l'un étanche celle de l'autre, et réciproquement. Nous ne pouvons nous aimer, nous rencontrer, répondre l'un de l'autre, qu'en tant qu'il y a en nous une part d'inachèvement, de question, de pauvreté.

Chaque personne est un cri

« Qui nous fera voir le bonheur ? » Par ces quelques remarques, cette question si peu philosophique nous semble tout à coup moins étrange. Car si, comme on vient de le voir, je suis par nature une question adressée à un autre que moi, c'est finalement tout mon être qui demande : « Qui est celle ou celui qui répondra de moi ? » C'est mon être même qui est une supplication, qui est un psaume, qui est une provocation. « Toute la création gémit dans les douleurs de l'enfantement », nous dit saint Paul[1]. Nous sommes ce gémissement. Chacun crie en silence qu'il ne se suffit pas. Ainsi donc, puisque chacun est une question, la question de ce soir est celle de chacun.

Un petit exemple nous rendra cette idée plus sensible… Ma femme et moi écoutons un concerto pour

---

1. Romains 8, 22.

piano, splendidement exécuté par une jeune Chinoise. À la sortie du concert, vient cette question (qui, bien sûr, en cache une autre) : « Chéri, aurais-tu aimé épouser une pianiste ? » Question que me tend ma femme comme on tend un piège : car je ne vais ni déclarer, avec un dégoût feint, que rien ne m'eût été plus abject que d'épouser une pianiste, ni non plus répondre par l'affirmative, avec le regard vide de celui qui vient de contempler, une heure durant, la femme de ses rêves. Heureusement pour moi, la question ici posée n'était pas de savoir si j'aimais le piano ou si je préférais à ses yeux bleus ceux en amande de la pianiste, mais cette autre, plus profonde et plus cruciale : « Chéri, m'aimes-tu ? Me pardonnes-tu de n'être que celle que je suis ? »

Il est essentiel, dans la vie, de se mettre en quête non d'abord des bonnes réponses, mais des vraies questions. Car il est vain de chercher de bonnes réponses aux mauvaises questions. La question de ma femme, « Chéri, aurais-tu aimé épouser une pianiste ? », n'était donc pas la bonne. Derrière elle, c'était un cri, un psaume, une provocation, un piège dans lequel prendre un peu de mon amour. Derrière toute question, cherchez le cri. D'où cette troisième proposition :

Toute personne est un cri.

Or de cri, il n'y en a finalement qu'un seul : non pas, comme la dernière question que Nietzsche nous adresse : « M'a-t-on compris ? », mais, comme cette ultime provocation de Jésus, programme de toute une vie : « M'aimes-tu ? »

Ce n'est pas un hasard si la première des questions sérieuses que l'enfant pose à ses parents est le parfait écho de cette question ultime. Quand l'enfant, entre quatre et six ans, demande à son père ou à sa mère comment on fait les bébés, peu lui importe en réalité le « comment » de la procréation chez les mammifères. S'il a le malheur d'avoir des parents biologistes, qui s'agitent autour de tableaux présentant des coupes de sexes d'homme et de femme et de leur pénétration, ceux-là se rendront vite compte que le mode opératoire laisse leur enfant indifférent. Là encore : cherchez le cri. Il vient de plus loin. Le « *Comment* fait-on les bébés ? » cache un « *Pourquoi ?* » : « Pourquoi m'avez-vous mis au monde ? » Voilà ce que demande l'enfant. C'est-à-dire : « Suis-je le fruit de votre amour ? » Chose intéressante : la seule réponse qui donnera à l'enfant la sensation qu'on l'a écouté dans sa question est de lui raconter *l'histoire d'amour* qui a lié ce jeune homme et cette jeune femme devenus son père et sa mère. L'homme se nourrit d'histoires, inquiet de savoir si elles sont de hasard et de nécessité, ou au contraire d'amour et de liberté.

La vérité est une personne

Nous tenons peut-être là le sens de notre question, de ce cri de l'homme vers Dieu. Dire, avec le psalmiste : « Qui nous fera voir le bonheur ? », c'est demander : Mon Dieu, sommes-nous le fruit de ton amour ? L'histoire que tu écris avec le récit compliqué de nos vies, avec le silence de nos heures noires, l'encre de nos larmes et les marques de notre péché, cette histoire est-elle d'amour ? On voudrait le savoir. Mieux : on voudrait le *voir*. Nous, ce peuple qui si souvent se perd, as-tu pour lui quelque tendresse ? Et si tel n'est pas le cas, ai-je seulement besoin de toi et de ta prétendue existence ?

Notez-le bien : quoique, influencé par ce verset du psaume 4 et par la cathédrale où nous nous trouvons, je parle ici de Jésus et de Dieu, la question de ce soir n'est pas d'abord ni exclusivement le fait d'une âme pieuse. Ce psaume 4 dit bien : « Beaucoup demandent : "Qui nous fera voir le bonheur ?" » *Beaucoup*, même chez les non-croyants. Car cette question est celle de l'humanité elle-même. La meilleure preuve, c'est que chacun la comprend : s'il est, comme on l'a dit, dans la structure intime de notre humanité d'être moins une évidence qu'une question, nous ne sommes finalement rien d'autre que l'attente d'une réponse ou, plus exactement, de quelqu'un qui répond de nous et de notre bonheur.

Voilà pourquoi je crois que la question de Dieu et de la confiance qu'on peut lui faire n'est pas près d'être datée ou dépassée. Si cette cathédrale n'accueille pas le dimanche autant de femmes et d'hommes qu'il y a cent ans, le christianisme n'est pas pour autant suranné. Car le christianisme n'est pas une religion comme les autres, dépendante, autant que les autres, de paramètres sociologiques, politiques ou historiques : puisque l'être humain est tramé dans cette insuffisance qui le confie à l'autre, il est dans la nature humaine de chercher un sauveur – je veux dire un Dieu qui écoute son cri, qui le rejoint dans sa détresse. Les dieux de l'antique Grèce, indifférents aux hommes, soucieux seulement du cours de leurs propres affaires, ne pouvaient durer qu'un temps ; comme ne devaient durer qu'un temps les dieux des philosophes, « l'Idée du Bien » de Platon, « la Pensée qui se pense elle-même » d'Aristote. Quand, en effet, l'homme fut assez intérieur pour être profond, il comprit qu'un Dieu qui n'était pas *son* Dieu, n'était pas Dieu du tout. La grande longévité du christianisme est inscrite dans notre chair d'homme : un Dieu qui ne répond pas au cri qui monte des entrailles humaines, n'est pas le Dieu que l'on attend. Un Dieu incapable de crier sur la croix de nos souffrances, un Dieu qui, tel le « Grand Impermanent » des bouddhistes, ou « l'Être suprême » des révolutionnaires, ne peut ni aimer, ni trembler, ni s'offrir et dire, comme Jésus l'a fait : « J'ai soif » ou « Je suis fatigué », un tel Dieu n'est pas assez des nôtres pour être celui dont le cœur de l'homme a besoin.

Or, le Dieu des chrétiens est précisément assez grand pour être plus petit que nous, assez ample pour embrasser jusque notre misère. Que voulez-vous, un tel Dieu, sitôt rencontré, sitôt sa possibilité esquissée, devait changer le sens de l'aventure humaine.

C'est pourquoi, tant que l'homme sera homme, tant que chacun de nous sera ce gouffre de souffrance et de joie, le Dieu chrétien, le seul qui soit à la démesure de nos abîmes, aura sa demeure sur la terre. La fin du christianisme signifierait non que l'homme a cessé de croire, mais qu'il a cessé d'être pour lui-même un cri qui monte des profondeurs. La seule chose qui menace sérieusement le christianisme, ce n'est pas Bakounine ou Nietzsche, qui étaient des âmes ardentes, c'est que s'éteigne en l'homme la flamme qui le brûle.

L'avenir de la vérité

Freud, on le sait, parlait, à propos de la foi chrétienne, de « l'avenir d'une illusion », formule qui a donné son titre à un essai célèbre[1]. Mais d'où vient qu'une illusion ait un si grand avenir ? Quelle drôle d'illusion, d'ailleurs, si vraie qu'elle a le pouvoir de saisir chaque homme par le bout de lui-même qui lui est le plus cher, par ce désir universel d'être entendu dans son cri, d'y être aimé ! « Qui nous fera voir le bonheur ? » : oui, l'illusion chrétienne a de l'avenir. Cet avenir montre-t-il qu'elle n'est pas tout à fait une illusion ? La foi de chacun en décide. Mais ce qu'on peut dire avec certitude, c'est que les promesses de la science, sur lesquelles Freud fondait ses espoirs, ont sans doute moins d'avenir. Si l'homme est un cri, il est dans la nature humaine de chercher un sauveur, et non pas des solutions seulement. Non pas seulement les moyens techniques d'un confort durable, ce que la science nous offre, mais *quelqu'un* : quelqu'un qui donne à chacun un nom, comme le Bon Pasteur de l'Évangile[2], afin qu'un appel retentisse un jour, au cœur de nos vies. Quelqu'un que l'homme peut en retour nommer, pour se confier à lui.

Les vérités impersonnelles de la science, si elles nous assurent une relative maîtrise de la nature, n'ont pas ce pouvoir vocatif. Aussi la science, dès lors qu'on lui accorde le monopole de la vérité, fait-elle de nous des orphelins. Voyez les lois qu'elle établit : « Les objets chutent dans le vide avec une

---

1. Sigmund Freud, *L'Avenir d'une illusion*, PUF, 2004.
2. Jean 10, 1-3.

vitesse uniformément accélérée » ; « À température constante, le volume d'un gaz est inversement proportionnel à sa pression »... Ce sont là des vérités, certes, mais à la troisième personne : elles décrivent le monde, mais elles ne m'en parlent pas. Elles ne me parlent pas. La science connaît l'homme comme objet, comme corps, comme mâle ou femelle, comme membre d'une catégorie sociale, mais non point comme cet être qui ne peut se dire vraiment qu'à la première personne, comme un « je », qui s'adresse à un « tu ». L'énoncé « je t'aime », d'un point de vue strictement scientifique, n'a aucune pertinence. Sous le vocable de la science, la caresse n'est rien que « la stimulation régulière de l'épiderme externe »...

Dans cette atmosphère où règne, croit-on, l'objectivité et l'impartialité, nous ne comprenons plus qu'un être puisse déclarer, comme le fit Jésus : « Je suis le chemin, la vérité, la vie[1]. » Ce serait en effet mettre la première personne, ce « je » dont la science doit faire abstraction pour prétendre à l'objectivité, au sommet du savoir. Ce serait dire que la vérité est quelqu'un, que la connaissance est affaire de rencontre, de révélation de soi et d'un autre que soi. Si l'énoncé « Je suis la vérité » a un sens, alors la vérité serait ultimement un « je suis ».

Or, c'est là, je crois, un besoin fondamental de l'homme : que la vérité soit ultimement une personne, et non une équation physico-mathématique. Comme le disait Benoît XVI, dans l'homélie pour l'office de la Pentecôte, en 2011 : « Oui, il est bon de vivre parce que je suis aimé, et c'est la Vérité qui m'aime. » Surgit

---

1. Jean 14, 6.

alors la quatrième proposition, que je vais noter sur le tableau noir de votre mémoire :

Le cri d'amour que je suis
appelle une réponse personnelle.

Y'a quelqu'un ?

Mais n'allons pas trop vite. Car ce besoin naturel chez l'homme d'un sauveur, je veux dire d'une vérité qui soit une personne, peut encore vous paraître étrange ou irrationnel. Il y a pourtant des moments où ce besoin est si fort qu'il est indiscutable. Vous connaissez peut-être l'histoire de cet homme qui, tombé dans un précipice mais agrippé de justesse à une branche qui commence à céder, oublie un instant ses airs supérieurs d'agnostique ou d'athée, et s'écrie, en désespoir de cause : « Y'a quelqu'un ? » Le ciel s'ouvre soudain, une voix tonne : « Ouvre tes mains, abandonne-toi à ma Providence. Mes anges te porteront. » L'homme hésite… puis demande : « Euh, y'a quelqu'un d'autre ? »

Oui, « quelqu'un d'autre », parce qu'on ne veut pas lâcher : le Dieu auquel se donner n'est pas toujours celui qu'on choisirait. On voudrait avoir confiance en lui sans avoir à lui faire confiance. Quelqu'un d'autre, dit donc celui qui a du mal à croire, mais *quelqu'un* quand même. « Qui nous fera voir le bonheur ? » On ne sait pas qui, mais l'on sait déjà que ce doit être *quelqu'un* : une personne avec laquelle écrire une histoire d'amour.

Je ne connais d'ailleurs personne qui, dans ses moments de détresse, n'en ait personnellement appelé à Dieu. J'ai un ami, agnostique, fier comme Artaban, qui m'a récemment avoué s'être agenouillé avant un entretien d'embauche, pour demander à Dieu ce poste que rien ne le destinait à obtenir. Or, chose terrible pour lui, il l'a obtenu, ce poste. « Miraculeusement », a-t-il lui-même lâché dans un moment d'inattention. Après un tel aveu, moi qui ai un jour goûté la certitude que quelque chose de plus grand que moi (qu'on appelle couramment « Dieu ») conspirait discrètement à mon bonheur d'homme, je n'allais pas, vous imaginez, le laisser tranquille :

« Toi qui fus exaucé, "miraculeusement", qu'en est-il maintenant de ton rapport à Dieu ?, lui demandai-je.

– Moi "exaucé" ?, me répondit-il. Disons que j'ai eu de la chance, voilà tout.

– Mais cet agenouillement ? Cette prière ?, insistai-je.

– Un moment de faiblesse, voilà tout. Un besoin psychologique. Tu le sais comme moi : c'est comme cela, par nos moments de faiblesse, que naissent les croyances et les superstitions, non ?

– Hum, un besoin psychologique. Soit, pourquoi pas !... Mais dis donc, midi approche. J'ai faim, pas toi ?

– Oh que si !

– Mais rassure-moi, tu crois en la nourriture au moins ?

– Comment cela ?

– Je veux dire, tu crois vraiment que la nourriture existe ?

– Mon ventre me l'indique !

– Mais un besoin ne prouve rien, tu viens toi-même de me le dire ! Le besoin d'un Dieu bienveillant ne prouve pas son existence !

– Oui, mais là ce n'est pas pareil : manger est un besoin physique, pas psychologique !

– Mais tu n'es pas qu'un estomac vide, à ce que je sache. Tu es corps et âme, et les besoins de celle-ci – ton âme – n'en sont pas moins de *vrais* besoins. N'avais-tu pas vraiment eu besoin de t'agenouiller, le jour qui a précédé ton entretien d'embauche ?

– Je te vois venir : si j'ai eu psychologiquement besoin de Dieu, de la même façon que le creux dans mon ventre prouve la nourriture le creux de mon âme crie vers Dieu, c'est ça ?

– Je ne l'aurais pas mieux dit !

– La différence, tu m'excuseras, c'est que la nourriture est palpable : elle existe, puisque j'en ai déjà fait l'expérience.

– Ah bon, comment ?

– Ben, euh, j'ai été rassasié, pas plus tard que ce matin, au petit déjeuner.

– Exaucé, en quelque sorte… Comme tu fus rassasié en obtenant ce poste après l'avoir demandé d'un cœur sincère…

– Oh mais tu m'emm… »

Fin du dialogue.

Il est vrai qu'un besoin ne prouve rien, que la foi de chacun fait le reste. Mais il n'est pas moins vrai que l'homme, comme on vient de le voir, a un grand talent pour esquiver la grâce : « Trop beau pour être vrai », dit-il, comme s'il fallait que ce qui est vrai fût nécessairement moche ou médiocrement beau. Et l'évangile de Luc[1] raconte qu'un seul des

1. Voir Luc 17, 11-19.

dix lépreux revint à Jésus pour le remercier de sa guérison…

Le sens de la vie

En un sens, je comprends très bien ces refus de la grâce : car reconnaître que ma prière a été entendue, cela suppose de changer complètement ma façon de vivre. Si je laisse venir à moi le plus discret des sourires de Dieu, c'est toute ma vie qui devra désormais grandir et croître sous ce regard d'amour, et être, de ce regard, le témoin et le passage. La grâce est évidemment gratuite. Mais une fois reçue, accueillie, acceptée, elle oblige. « Mince, ma vie aurait-elle donc un sens ? Un effort discret mais réel en soutiendrait-il l'effort ? Quelle horreur ! » Ainsi s'exclame intérieurement celui qui, ayant avoué le recours à la Providence et son secours, ne peut plus faire comme si de rien n'était et gâcher sa vie à sacrifier aux idoles de son temps.

Chacun connaît l'argument : la religion ne survit que parce qu'elle donne un sens à la vie, parce que l'homme ne supporterait pas que la vie n'ait aucun sens. Or, c'est peut-être l'inverse qui est vrai : c'est le sens de la vie qui terrorise l'homme. Au fond, une vie sans sens ne nous oblige à rien. C'est tout-confort : si Dieu n'existe pas, l'homme a bien le droit de se détendre, de s'éclater, d'ordonner la charité à soi-même d'abord, voire exclusivement. Hegel n'a pas tort de dire que le règne de l'utile et du confort individuel commence avec l'athéisme virulent des Lumières. Car, à l'opposé, la vie du croyant, si elle est rassurante, est aussi inquiétante. Rassurante parce que Quelqu'un, qui est Dieu, m'attend et m'espère. Et je sais par avance ce qu'il me dira quand je le rencontrerai : « En cet homme que tu as quotidiennement croisé en bas de chez toi, en ce fils qui avait tant besoin de ton écoute, en ce voisin qui supportait mal la solitude : en eux, j'avais faim, soif, et j'étais nu[1]. » Rassurant, donc, car j'ai la certitude que l'amour du prochain est l'œuvre de ma vie. Mais inquiétant aussi, car ai-je bien été présent à cette vocation ? Entendrai-je dire, comme je l'espère : « En cette femme que tu as aimée et chérie, j'étais en prison, et tu m'as visité ; en cet étudiant de khâgne, j'avais faim de mots sensés, et tu m'as nourri ; en cet ami humilié par la vie, j'étais nu, et tu m'as vêtu… »

On comprend par ces quelques remarques ce que recouvre l'expression tant entendue : « le sens de la vie ». La vie a un sens si elle est un rendez-vous, la rencontre progressive entre deux personnes. Le trajet que j'effectue chaque matin jusqu'au lycée a un sens si je suis attendu et espéré par mes élèves. Le retour à la maison a son sens plein quand je sais qu'il est impatiemment épié par de petits êtres, mes enfants, qui m'aiment et que j'aime. Or, la vie elle-même est un trajet, de la naissance à la mort. Et de la même façon, elle n'a de sens que dans la perspective de retrouvailles heureuses avec mon Créateur et avec celles de ses créatures que j'ai aimées, avec mon Rédempteur et avec celles de ses âmes qu'il aura sauvées. Voici la vérité dont l'homme ultimement a besoin : une vérité qui donne à sa vie son sens. Pour

1. Voir Matthieu 25, 35-36.

nous qui sommes des personnes, cette vérité se doit d'être au moins une personne. Voilà notre besoin le plus fondamental.

Ce besoin, j'insiste, ne prouve rien, ne prouve pas que la nourriture qu'il appelle existe bel et bien. On pourrait imaginer, avec des philosophes comme Nietzsche ou Camus, que nous sommes voués, non tant à mourir de faim, qu'à vivre d'elle, sans être jamais rassasiés. Mais on peut aussi céder joyeusement à l'espoir qu'une telle faim, parce qu'elle est essentielle à l'homme, *parce qu'elle mesure sa profondeur*, a été mise en nous par notre Créateur.

Qu'est-ce que la vérité ?

Si l'on admet ce dernier point, on dira que la réponse de Dieu au cri que nous sommes a un nom : le Christ. Si être une personne, c'est être une question, il ne peut y être répondu que par une personne. Autrement dit, parce que mon être est un appel, Dieu doit non seulement répondre, mais répondre « présent » : ce qu'il fait en la personne de son Fils. Par lui, Dieu ne répond pas seulement à notre gémissement, il *en* répond : il le prend sur lui. Car on ne répond vraiment à une question personnelle, ou, ce qui revient au même, à une personne qui est une question, qu'*en donnant de sa personne* : par exemple, s'entendre demander « M'aimes-tu ? » exige au moins, en guise de réponse positive, qu'on embrasse celui qui nous questionne. Or, précisément, l'Incarnation c'est Dieu qui embrasse le monde, qui l'étreint : par le Christ, Dieu rend visible le sérieux avec lequel il prend la prière que nous sommes.

Voici donc l'ultime proposition que je vais noter sur le mur noir de notre cathédrale :

Seul le Dieu personnel du christianisme
peut répondre au cri que nous sommes.

« Qui nous fera voir le bonheur ? », demande le psaume. Moi, je vous le ferai voir, répond Dieu, en personne. Et sa réponse est celle-ci : « Voici mon Fils bien-aimé. En Lui, j'ai mis tout mon amour[1]. »

Si donc l'on prend un instant au sérieux le psaume qui nous réunit ce soir, si l'on ose avec lui pénétrer dans les besoins fondamentaux de notre humanité, il est fascinant de voir comment Dieu répond *littéralement* à notre question, et comme il prend, si j'ose dire, le psalmiste au sérieux. Car dire « le voici, mon Fils », c'est, en écho à notre question, non seulement honorer son pronom interrogatif personnel « qui », mais aussi supposer avec elle que le bonheur, il s'agit de le *voir* : non pas de s'en saisir, de le dévorer ou de se laisser happer par sa mélodie. Mais de le *voir*. Le sens de la vue n'est pas anodin : la vue, c'est le sens de la distance, le sens de la juste distance. Pour voir, il ne faut être ni trop loin, ni trop près. Ce qui veut dire ici que le bonheur n'est ni un idéal inatteignable (trop loin), ni un gain facile, immédiatement consommable (trop près). Il n'est ni l'idéal du sage (bouddhiste, stoïcien, épicurien...), ni le plaisir vanté par l'hédoniste. Mais qu'est-il alors, ce bonheur qui, pour être vu et pleinement

---

1. Parole qui tonne des Cieux, lors du baptême de Jésus (Matthieu 3, 17) ou de la Transfiguration (Matthieu 17, 5).

apprécié, nous met d'abord à distance ? Il n'est pas de bonheur moins immédiat ni plus désarmant que la contemplation de ce que Dieu, pour répondre à la question que nous sommes, propose à notre contemplation : la Croix.

Car Jésus, c'est le salut, certes, mais par la Croix : cette Croix sur laquelle l'amour s'accomplit parfaitement, où le Très-Haut traverse l'épaisseur du malheur ; cette Croix qui propose non un bonheur lointain, qu'il faudrait atteindre, non un bonheur facile, qu'il faut consommer, mais un bonheur à même notre vie, si difficile soit-elle. Car la Croix, c'est Dieu jusqu'au bout, c'est Dieu qui prend tout, qui aime jusque-là, qui répond de nous.

Nous faire voir le bonheur, c'est, pour Dieu, indiquer son Fils… mais indiquer son Fils, c'est montrer la Croix. C'est quand même un peu osé comme réponse, pour nous qui avons l'habitude de nous représenter le bonheur comme une maison peinte en rose, en haut d'une colline que vient taquiner une brise légère… On est loin du Golgotha ! Mais c'est là ce qui est intéressant : le corps de cet homme défiguré par les coups et cloué sur le bois correspond si peu à la réponse que nous attendions à notre question que sa vue (« Le voici ! ») suscite forcément un nouveau regard, *une façon nouvelle de voir le bonheur*.

Le bonheur, autrement

« Qui nous fera voir le bonheur ? », demande l'homme, du fond du cœur. Quand Dieu répond : « Le voici ! », il dit quelque chose comme : « Vois-le ici, et non ailleurs. Non pas dans l'avenir radieux de vacances sans labeurs, non pas dans l'utopie d'une contrée où fuir. Mais à même ce geste d'amour fou, la Croix, par lequel j'ai dit oui à toute ma création, jusque dans sa misère et son péché. » Dans une telle perspective, être sauvé ne veut plus dire : « Sauve qui peut ! » Le salut ne consiste plus à fuir dans ce que Nietzsche appelait « des arrière-mondes », ou bien dans ce que l'on nomme « l'utopie » et qui nous valut des millions de morts au XXe siècle. Le salut véritable ne consistera plus à dire : « Salut, je m'en vais en de meilleures contrées ! » C'est, au contraire à toute sa vie – parce qu'elle se sait rejointe dans sa détresse par Dieu lui-même – adresser un « oui » sans reste et sans réserve.

Qui me fera voir le bonheur ? Je vois, en effet, les bras du Christ ouverts jusqu'à l'écartèlement, et je me demande : et moi, n'ai-je pas reçu l'appel à les ouvrir, mes bras, jusqu'à les clouer sur le bois pour que jamais ils ne se ferment ? N'ai-je pas su, un jour, un instant, une minute, que j'étais destiné à aimer, à ne faire que cela : vivre et mourir d'amour ? Pourquoi ai-je alors eu peur ? N'est-ce pas que je confonds trop souvent bonheur et confort ? Mon cœur de pierre, je le préfère au cœur de chair, parce que s'incarner, c'est être vulnérable, sensible à l'amour comme au fait que l'amour n'est pas aimé. S'ouvrir, c'est s'offrir. Et s'offrir, c'est souffrir : c'est prendre le risque de n'être pas reçu, d'être d'autant plus blessé qu'on est plus sensible. Mais la Croix, en tant qu'elle est donnée par Dieu à notre adoration, nous dit que ces blessures d'amour sont une bénédiction (*a blessing* en anglais). La Croix nous murmure que seuls ceux qui sont affligés de la sorte seront aussi consolés. Si ma blessure est d'avoir aimé le monde, Dieu, qui a fait de même jusqu'à la mort, se complaira en moi. Aussi la Croix m'avertit-elle : il ne faut pas se protéger de toutes les souffrances, il ne faut surtout pas guérir de toutes les blessures. Car celles que vous inflige l'exigence d'aimer sont des grâces.

Veillons donc à ne jamais préférer la guérison au salut, ni la santé à la sainteté. Ne nous soulageons jamais de ces fardeaux qui font de nous des hommes, et que le Christ a promis de rendre légers[1].

Le « bien-aimer »

Ainsi, sans être doloriste, il faut chanter, comme dans les Psaumes, la joie douloureuse d'aimer. Douloureuse, oui, car si tout l'Amour est dans la Croix, si nous n'avons de preuve d'amour plus grande que celle d'un Dieu qui, pour nous, se fait bébé, puis homme, puis condamné à mort, inversement, dans tout amour il y a une croix : en tout amour, il y a le consentement à faire, en moi, une place pour un autre que moi, à cet autre qui n'est accueilli comme autre qu'à condition de le perdre d'abord comme mien. Mais cet amour, qui se donne, se partage et s'espère, est la seule aventure à la mesure de notre démesure. Qu'importe si elle fait si mal ? Comme le disait Bernanos : « La sainteté est une aventure, elle est même la seule aventure. Qui l'a une fois compris est entré au cœur de la foi catholique, a senti tressaillir dans sa chair mortelle

1. Matthieu 11, 30.

une autre terreur que celle de la mort, une espérance surhumaine[1]. »

En quoi consiste cette espérance ? Peut-être en ceci que l'ami du Christ souffre, comme les autres et sans doute plus qu'eux puisque son cœur est de chair. Mais il ne souffre plus de souffrir, puisque cette souffrance de l'amour, ce « oui » définitivement donné à toute sa vie, est ce pour quoi, et ce *par* quoi il fut un jour créé : nous fûmes créés par Dieu, qui est amour[2], qui fit de nous des êtres qui ne peuvent s'accomplir pleinement que dans l'amour. Le but, on le voit, ne saurait surtout être le bien-être, car si l'homme *est* pour aimer, alors « bien *être* », c'est pour lui « bien *aimer* ».

Ne verront donc le bonheur que ceux qui, regardant la Croix, apprennent à voir la vie en rouge, d'amour et de passion, en ce rouge pourpre du Sang rédempteur, et non pas seulement en rose, je veux dire en ce rouge dé-saturé d'une vie de rêve et d'évasion, sans risque ni étreinte. L'impératif de la santé voudrait nous guérir de nos blessures. Celui de la sainteté veut, plus simplement, s'assurer d'en faire des abîmes d'amour et de consolation.

Pour voir le bonheur, il faut donc un nouveau regard, je veux dire un re-gard qui sache garder, prendre soin, se faire le gardien de ce lieu qui en moi-même, au fur et à mesure de la vie, ne cesse de se creuser, de s'élargir, afin d'offrir à ma vie, quelque difficile qu'elle puisse être, un lieu assez ample, un

---

1. Georges Bernanos, « Jeanne, relapse et sainte », in *Essais et Écrits*, tome Ier, Gallimard (« Bibliothèque de la Pléiade »), 1997, p. 39-40.
2. Voir 1 Jean 4, 7-11.

amour d'autant plus fou que, comme le Christ sur la Croix, il consent à faire, de ce cri que nous sommes, un psaume qui ne cesse de monter pour attendrir Celui qui nous rendra heureux.

LE DÉBAT

GÉRARD VARGAS : Pour ouvrir le débat, je vais demander à Christophe André de réagir aux propos de Martin Steffens. Peut-être par des questions[1] ?

CHRISTOPHE ANDRÉ : Je voudrais remercier Martin pour la clarté de son intervention que j'ai trouvée pour ma part très forte, et qui souligne bien, sinon ce qui nous oppose, du moins ce qui nous différencie.

En effet, ce qui m'intéresse c'est un bonheur qui ne suppose pas forcément d'avoir la foi, tandis que Martin nous a parlé de cette qualité de bonheur très particulière, si puissante, et pour tout dire unique, que peut nous apporter la foi. Face à cette position, je me sens impressionné, intimidé. Et de ce fait, je n'ai pas de question ni de commentaire à faire.

Pourtant, il y a un moment où j'ai sursauté en tant que scientifique. C'est quand Martin nous a dit : « La science a fait de nous des orphelins. » Je ne peux accepter, de manière générale, le regard que l'on porte parfois sur la science ou le procès que l'on instruit contre elle en l'opposant à la foi. Il arrive

1. M. Gérard Vargas, du Centre théologique universitaire de Rouen, a assuré la conduite du débat tenu en public.

que la science dérange certains dogmes religieux (je pense à la question du créationnisme), il arrive qu'elle contraigne les Églises à moduler leurs discours sur le monde, mais la science n'est pas incompatible avec la foi. Elle se situe sur un autre plan. Ainsi, une image que j'aime beaucoup est celle dont use le chercheur en neurosciences, Antonio Damasio, qui, dans un de ses livres, explique comment le fait d'avoir parfaitement identifié la formule chimique du parfum d'une rose ne remet nullement en question la beauté de ce parfum, pas plus que l'impact poétique, métaphysique, religieux, le bouleversement, et même l'émerveillement que peut provoquer en nous ce parfum. Voilà donc la question, ou plutôt la demande de précision, que j'aimerais proposer à Martin, au risque de sortir du débat.

MARTIN STEFFENS : Cette question nous laisse bien au cœur du débat, puisque notre sujet était : « Qui nous fera voir le bonheur ? » Ce « qui », sur lequel j'ai voulu insister, ce pronom interrogatif *et* personnel, nous met sur la voie d'une vérité qui n'est pas celle, objective, de la science. Non que la science soit en elle-même mauvaise. « Science » signifie « savoir » : en vous parlant ici ce soir, qu'est-ce que je fais, sinon « ramener ma science », pour la partager avec vous ? Mais le problème est de considérer que la vérité est *exclusivement* du côté de la science, au sens de cette science dite moderne qui, depuis le XVIIe siècle, nourrit l'espoir de toutes les émancipations. C'est pourquoi j'ai bien pris soin de dire « la science… dès lors qu'on lui a donné le monopole de la vérité ». La science moderne, celle qui a exclu les « causes finales » d'Aristote, le « pourquoi » du mouvement des choses, pour se concentrer exclusivement sur la description de leur « comment », cette science-là a certes sa part de vérité, mais comme vous le dites très bien : dans un certain ordre. La formule chimique du parfum ne dit pas tout du parfum, pas plus que celle de l'odeur de sainteté ($C_6H_{12}O_6$, si j'en crois une affichette qui, au milieu des citations d'auteurs controversés, se trouve chez mon bouquiniste préféré) ne nous fait avancer sur le chemin de notre sanctification.

Plus sérieusement, je lis en ce moment un texte de Jean Rostand, écrit en 1939, qui s'intitule : « Le message de la science[1] ». C'est un texte très intéressant, par ce que j'appellerais « l'orgueil de son humilité ». Il y est dit que la science a enfin libéré l'homme de son ivresse, qu'elle a accompli sa mission première, qui était de le dégriser. Avant l'avènement de la science, selon Jean Rostand, les hommes étaient comme fous : leur foi en Dieu, la croyance aux anges, cette espérance qui commence quand tout espoir est mort… Heureusement, la science aura été sa cellule de dégrisement, affirmant courageusement, à qui voulait l'entendre et se rendre sourd aux appels de l'absolu, qu'il n'y a pas de Dieu, que l'homme est une machine un peu plus compliquée que l'animal, un amas d'atomes qui a eu l'heur de se prendre pour quelqu'un mais, quand celui-ci meurt, la farce est finie. De nos jours, je crois, un jeune qui sort du système scolaire français a appris à penser et à se comprendre lui-même selon ce modèle. Je le constate en le récupérant après le baccalauréat : un

---

1. Jean Rostand, « Le message de la science », in *La Vie et ses Problèmes*, Flammarion, 1939.

lycéen pense généralement que l'homme n'est jamais qu'un singe à la station verticale, produit du hasard et de la nécessité. Il faut beaucoup de liberté intérieure et d'endurance spirituelle pour résister à ce réductionnisme qui prépare finalement les jeunes à être de sages consommateurs (car s'il lui est interdit d'être un saint, le singe peut toutefois être sage). Comme le disait Chesterton, on a mis tous les enfants à l'école, mais c'était bizarrement pour leur enseigner qu'ils sont moins que des êtres pensants. C'est que, précisément, en donnant à la science le monopole de la vérité, on lui a aussi donné notre âme. La faute n'est pas à la science moderne : elle ne peut nous donner que ce qu'elle est. Puisqu'elle est l'étude objective de processus matériels, l'homme, placé sous son empire, sous sa lumière crue, souvent cruelle, devient peu à peu un corps sans âme, dont l'intériorité est non pas spirituelle mais purement spatiale, faite, pour citer Francesco Gallini (un des personnages hauts en couleur de *Don Camillo*), uniquement de nerfs et de viscères[1].

Jean Rostand reconnaît bien sûr que cette vérité est laide, comme l'est l'ivrogne sous la lumière blafarde des néons d'une cellule de dégrisement. C'est pourquoi

---

1. Il est intéressant de voir comment le vieux docteur Spiletti, médecin « réactionnaire » dans *Le Retour de Don Camillo*, s'y prend pour éveiller l'âme de ce Francesco Gallini (aussi appelé Nero), bon matérialiste et militant communiste : Spiletti se propose de la lui acheter, pour une bonne somme. Son ami communiste semble y gagner, puisque céder son âme contre une bonne somme, c'est vendre ce qu'il prétend ne pas avoir. Spiletti, quant à lui, est formel : lui non plus n'y perd pas ! Vendre son âme… Le Nero s'en inquiète, de plus en plus, et finit, sans en dire mot à quiconque, par la racheter au vieux médecin (voir *Le Retour de Don Camillo*, d'après une nouvelle de Giovanni Guareschi, adaptation, scénario et dialogues de Julien Duvivier et René Barjavel).

il pense que la tâche de la science est double : elle doit non seulement, *sur un plan théorique*, dégriser l'homme en lui annonçant la mauvaise nouvelle de son intrinsèque vanité (être une machine qui se croit vie et amour), mais aussi, *dans un versant plus pratique*, régler « le fonctionnement de notre machine de telle sorte que nous nous acceptions pour machine. » À en croire Jean Rostand, il revient donc à la science de mettre en place des dispositifs techniques qui nous permettront de vivre avec bonheur l'absurdité de notre condition. Voici donc la question que je pose et qui me paraît être d'une brûlante actualité : N'y a-t-il pas à l'œuvre, depuis que la science moderne concentre sur elle l'ensemble des espérances humaines, l'intention plus ou moins consciente et tout à fait perverse, de nous soulager d'être des hommes, constitués de chair et d'amour, de mots et de malentendus, de joies et de souffrances – et de nous en soulager, précisément, au nom de la santé et du bonheur ? Question pour les hommes qui n'entendent pas devenir ce que l'on appelle aujourd'hui des « transhumains »[1]... Question que Nietzsche, dans un célèbre passage d'*Ainsi parlait Zarathoustra*, posait à sa façon, énergique, outrée, dénonçant le bonheur à bas prix : « Un peu de poison de temps à autre ; cela donne des rêves agréables. Et beaucoup de poison pour finir, afin d'avoir une mort agréable[2]. »

---

1. À ce sujet, on lira avec avantage Fabrice Hadjadj, *Puisque tout est en voie de destruction. Réflexions sur la fin de la culture et de la modernité*, Le Passeur, 2014, p. 33 et suivantes.
2. Friedrich Nietzsche, *Ainsi parlait Zarathoustra*, « Prologue de Zarathoustra », § 5, traduit par Geneviève Blanquis, GF-Flammarion, p. 53.

Mais à mon tour d'interroger Christophe à propos de son exposé que j'ai trouvé ample et merveilleux, notamment sur la question de la gratitude.

Cependant, l'équation :

Bonheur = bien-être + conscience

me pose deux questions que je voudrais voir éclaircies : d'une part, le bien-être, qui est pour vous un point de départ, me semble, de prime abord, dépendre principalement des impressions subjectives du patient et cela me gêne un peu ; d'autre part, dans cette équation, manque la dimension de la relation à l'autre, qui intervient, certes, mais secondairement.

Premier problème que je perçois, donc, celui de la relativité de ce bien-être tel que vous le pensez : est-il bien certain que tous les « bien-être » se valent, du seul fait qu'ils *sont* des « bien-être » ? J'entends bien là votre désir de respecter vos patients. Mais si mon bien-être consiste à jouer à l'ordinateur dix heures d'affilée, ou à regarder des films bas de gamme, l'équation *bien-être + conscience* est-elle encore celle du bonheur ? Pire : si mon bien-être passe par le mal-être des autres, si le film ou le jeu vidéo sont dégradants… Il y a, je trouve, quelque chose de pauvre dans ce « bien-être » qui ne s'articule d'abord qu'avec soi-même, sans référence ni à mon prochain ni non plus à un ordre transcendant des valeurs. Personnellement, je préfère l'inconfort dans lequel met le désir de créer, d'aimer, d'honorer mon père malade ou de rester toujours fidèle à ma femme, même si cela passe par la perte de mon « bien-être ». Une vie qui tente de discerner quels sont les fondements réels de notre humanité et qui, quel que soit finalement son bonheur, s'appuie sur ces fondements et les défend, une telle vie me parle davantage qu'une vie stimulée agréablement, selon son bien-être. À une mère malheureuse, parce que son conjoint l'a abandonnée, la laissant seule avec leur enfant malade, il est vain de dire, comme pour donner raison au père absent : « Mais pense un peu à toi et à ton bien-être. » La seule chose qu'elle doit être, ce n'est pas heureuse, mais là où elle est, aujourd'hui, à savoir : aux côtés de son enfant, parce qu'il a besoin d'elle. « Être là où l'on doit être » vaut plus qu'« être bien ». Consentir à sa vie, jusque dans son épreuve, c'est être *pleinement*, avant de chercher à être bien. S'il y a autant de désespoir aujourd'hui, n'est-ce pas justement parce qu'on n'ose plus proposer un bien-être autre que celui centré sur l'individu, avec cette sommation faite à chacun d'être heureux et de s'épanouir, en dehors de tout lien et de toute exigence ?

Vous êtes sans nul doute d'accord avec cela ; aussi ajoutez-vous à ce bien-être la dimension de la gratitude dans laquelle, vous le savez, je retrouve des thèmes qui me sont chers. Mais, si je vous entends bien, la gratitude est là en second, comme quelque chose d'important mais qui a finalement pour sens premier d'augmenter le sentiment individuel du bonheur. Ceci, peut-être, nous oppose : la relation avec l'autre ne fait pas partie, selon vous, de l'essence du bonheur, lequel serait donc :

Bien-être + conscience de soi *à travers ce bien-être.*

Pour ma part, je considère que la relation à l'autre, précisément sous la forme de la gratitude, est première, immédiatement constitutive non seulement de notre bonheur mais plus amplement de notre vie. Elle est en tout cas première par rapport au bien-être et, par-là, non pas accessoire mais absolument nécessaire. C'est pourquoi la gratitude coïncide avec le goût de vivre : qui l'a, a tout. Qui en est privé, n'a pas même ce qu'il a – pas même son bien-être. Comment cela ? La chose est toute simple : si je sais me réjouir de mon corps, quelque mal fichu qu'il soit, de ma voix, que je casse souvent, de mes cinq sens, me voilà tout à coup riche d'un corps, d'une voix, de la vue, de l'ouïe, de l'odorat, bref, de ce que je possédais déjà, mais sans le savoir, sans en avoir encore la saveur. Si donc j'apprends à dire merci, ne serait-ce que dire, sans même forcément parvenir tout de suite à le penser (ce serait là comme un exercice spirituel) : « Merci pour cette vie, cette famille, ce pain sur ma table et cette boulangère au regard si doux », alors je deviens riche de toutes choses que je possédais déjà mais dont j'étais, faute de les avoir reçues, comme dépossédé. L'enfer, c'est de croire que tout m'est dû, c'est ne rien accueillir de ce qui m'est donné.

C'est pourquoi l'équation, pour moi, serait, si je devais partir de la vôtre, la suivante :

Bonheur = être + l'autre.

Être heureux, c'est être et se recevoir d'un autre. C'est vivre et se réjouir, chaque jour, et quelque difficile que ce puisse être, du don de vivre – ce don qu'il faut bien avoir reçu, ne serait-ce que pour s'en plaindre. J'irais donc même jusqu'à dire que le bonheur, c'est :

Bien-être ou mal-être + l'autre.

Tant que je peux vivre ma peine et ma tristesse en relation à un autre, elles ne sont pas des objections à la vie. Elles sont même, tout au contraire, des occasions de confier à cet autre que moi la difficulté d'être soi. Consultons l'expérience : une mauvaise journée que je peux raconter le soir n'est pas tout à fait mauvaise. Alors qu'une belle journée que je ne peux partager avec personne m'est d'une douleur d'autant plus grande.

C'est pourquoi Dieu fait nécessairement partie de la trame de mon être, de ma vie, c'est pourquoi il est la condition de tout bonheur. Si l'on a tort de se murer héroïquement dans son malheur, en se vantant intérieurement de l'assumer tout seul, c'est que nous n'aurons peut-être qu'un seul bonheur, qui suppose humilité et confiance : offrir ce que l'on est à un autre que soi. Quand ce ne peut être ses proches, ce sera toujours Dieu, le Dieu chrétien qui nous invite à déposer, au pied de sa Croix, au creux de son cœur ouvert, la détresse de la journée et l'espérance du lendemain. Ce qui nous ramène à la remarque que vous me faisiez au début, à propos de la science et du monopole de la vérité : oui, il serait dramatique de vider l'intériorité de l'homme de cette profondeur que vient habiter le Dieu personnel.

C. A. : Merci à Martin pour ces deux bémols, qui vont me permettre de préciser ma pensée.

Le premier bémol consiste à dire : ce bonheur qui viendrait d'un bien-être dont on prend conscience, que vaut-il si ledit bien-être est celui que l'on retire d'heures creuses gaspillées sur Internet ou de la dégradation liée à la pornographie ? Je suis d'accord : ce bonheur serait sinistre et ne mériterait plus son nom, il ne serait que le triste assouvissement de tristes désirs instillés par notre triste environnement social, sans âme et sans valeurs, marchand et pousse-au-crime. Mais justement : il me semble qu'alors, prendre conscience de ce que nous vivons, ouvrir les yeux en espérant savourer ne fera que nous aider à les ouvrir sur l'inanité, la médiocrité ou même la dangerosité de ce à quoi nous sommes en train de prendre du plaisir. Nous ne ressentirons aucun bonheur en étant plus présents au monde et plus conscients de ce que nous faisons à cet instant : au contraire, nous serons simplement plus tristes ou plus effrayés par nous-mêmes. L'assouvissement de nos désirs peut se passer de notre conscience, mais pas notre bonheur. Si l'on veut rester tranquille avec ses désirs inavouables, mieux vaut ne pas trop réfléchir, et rester dans le déni, le refoulement, le clivage, tous ces mécanismes de défense qu'étudient les psychanalystes. La prise de conscience pourrait ainsi représenter une sorte de test, de révélateur pour juger de la qualité intrinsèque de nos plaisirs : au moment où je m'y adonne, je me demande ce que je suis en train de ressentir, ce que je suis en train de savourer, je prends conscience de ce que je vis et de ce que je fais. Si le résultat est calamiteux ou s'il me pousse à fuir ma conscience ou la situation, c'est peut-être que ces bonheurs que je poursuis sont de piètre qualité. Et cela peut me pousser à y réfléchir…

Le second bémol avancé par Martin porte sur l'instrumentalisation éventuelle par la psychologie positive de ce beau sentiment de gratitude : me servir de l'autre seulement pour amplifier mon bonheur. Je savoure mon pain, et je double la dose en me disant que c'est merveilleux d'avoir un si bon boulanger dans mon quartier, et en ressentant vite fait bien fait un peu de gratitude pour lui. Mais là aussi, il me semble que l'argument ne tient que sur le plan théorique : en pratique, la gratitude va nous « piéger » et nous amener bien plus loin que prévu. Elle va nous faire changer de monde, nous faire passer d'un monde autosuffisant et autocentré à un monde ouvert sur l'infini de l'humanité et de l'univers. Elle va m'ouvrir les yeux sur ma fragilité, mon insuffisance en tant qu'être isolé, et ma force en tant qu'être connecté, relié aux autres. Elle va m'amener à comprendre ma dépendance, mon extrême dépendance à autrui, à l'amour d'autrui sous toutes ses formes : reconnaissance, respect, aide, affection, sympathie, et bien sûr, véritable amour. Tout ce qui me vient des autres est en quelque sorte, et à un degré plus ou moins fort, plus ou moins franc, un acte d'amour. Amour, ce sourire de l'inconnu qui me tient la porte, le bon pain de mon boulanger, cette blague racontée par un ami un jour de tristesse, l'aide apportée par mon voisin... Il est impossible d'instrumentaliser la gratitude, parce qu'elle est trop puissante et bouleversante pour l'être : si on a la naïveté de se penser capable de la domestiquer, on en sera pour ses frais. Et c'est très bien ainsi.

Quant au dernier point proposé par Martin, l'équation :

Bonheur = être + autre,

je ne peux qu'y souscrire, bien évidemment. Goethe avait eu un jour cette très belle formule : « Pour moi, le plus grand supplice serait d'être seul en paradis[1]. » Effectivement, disant cela, il exprimait d'une certaine façon ce point capital : quel que soit le bonheur, quelle que soit la satisfaction, quel que soit le plaisir que

1. Johann W. von Goethe, *Maximes et Réflexions*, Rivages, 2001.

nous puissions ressentir, si nous sommes seuls à le ressentir, finalement, quel sens cela peut-il avoir ? Et ce bonheur solitaire et déconnecté n'aura-t-il pas le goût fade de la tristesse ?

Lorsqu'on étudie les principales sources de bonheur, chez la plupart des gens, on s'aperçoit que le bonheur est bien souvent dans le lien. Certaines recherches tentent de mesurer cela de manière aussi scientifique que possible, en faisant des prélèvements d'états d'âme, des « carottages émotionnels ». Par exemple, on demande à des personnes d'accepter sur leur téléphone portable un petit logiciel qui, pendant deux ou trois mois, sonne dix fois par jour, jamais à la même heure. À chaque fois que le petit *bip* d'enquête sur le bonheur résonne, les volontaires doivent noter plusieurs choses : ce qu'elles sont en train de faire, dans quel état émotionnel elles se trouvent, si elles se sentent plutôt sur le versant du bonheur ou plutôt sur son contraire, celui de la colère, de la tristesse, de l'ennui, etc. De fait, on s'aperçoit que les activités relationnelles sont très souvent associées au sentiment de bonheur. Mais je dois préciser que, quand je parle de bonheur – et c'est peut-être une différence avec l'acception que Martin donne à ce terme –, il y a une gamme, un écart terrible entre la toute petite poussière, la toute petite bouffée de bonheur, celle qu'on savoure en se régalant d'une bonne glace à la fraise ou du passage d'un beau train de nuages dans le ciel, et puis le bonheur immense que l'on ressent en voyant un enfant venir au monde ou en partageant les derniers instants apaisés d'un proche qu'on aime et qu'on respecte. Au risque de vous choquer, malgré toutes les objections que j'entends lorsque je tiens ce discours, je crois que l'on peut ranger des ressentis aussi différents dans la même catégorie – très vaste – des états d'âme de bonheur car, à chacun de ces moments-là, on est touché par une grâce, qui est la grâce d'exister, la grâce de vivre cet instant, que la portée de cet instant soit microscopique ou qu'elle soit extraordinairement bouleversante.

Alors, pour revenir à cette question du lien, je pense qu'une très grande partie de nos bonheurs, peut-être les plus intenses, les plus importants, les plus mémorables, vient des autres. Certes, on peut avoir le sentiment que ce n'est pas le cas de tous : il y a des bonheurs qui nous sont offerts par la contemplation de la nature, par l'accomplissement de quelque chose que nous savons faire, que nous maîtrisons, d'une action, d'un travail, d'une démarche, et qui sont également des bonheurs particulièrement importants. Pourtant, lorsque nous faisons faire à nos patients ces fameux exercices de gratitude, nous les amenons à voir que, finalement – et cela rejoint la conviction de Martin –, même ces bonheurs que l'on traverse et que l'on savoure dans le sentiment qu'ils ne sont pas dus directement à d'autres personnes, le sont en fait.

Lorsque je conduisais des groupes de psychologie positive à l'hôpital Sainte-Anne, il y avait une séance entière sur la gratitude. Dans ce domaine, le travail en groupes est plus fécond car il permet de confronter les points de vue des participants. Souvent, nous demandions aux patients quels étaient les événements de la journée qui provoquaient en eux des pensées, des sentiments de gratitude. Bien sûr, en premier venait ce qui relève du don délibéré, comme les gestes sympathiques, gentils, attentifs, affectueux, dont ils avaient été l'objet. Dans un deuxième temps, après avoir été incités à chercher plus loin, ils évoquaient des gestes qui n'étaient pas centrés sur eux, comme : « Je ressens de la gratitude envers mon boulanger parce qu'il fait du bon pain, même s'il ne le fait pas spécialement pour moi, même s'il ne se lève pas dès l'aube en se disant : Je vais faire du bon pain pour Martin Steffens ou pour Christophe André. Je suis content que ce boulanger existe, je suis content qu'il sache faire du si bon pain et ça me fait du bien de ressentir de la gratitude pour lui. » Mais c'est aussi la gratitude pour tous les plombiers qui ont concçu les tuyauteries nous permettant de prendre une agréable douche chaude, la gratitude pour Jean-Sébastien Bach, dont j'ai écouté la musique ce matin, et qui m'a bouleversé, un bouleversement calme, comme d'habitude… Au lieu de me centrer sur moi-même en éprouvant à quel point je suis ému par la musique que j'ai entendue tout à l'heure, je me dis, à un moment donné, qu'il y a très longtemps quelqu'un qui ne me connaissait pas et que je ne connaîtrai jamais, au lieu d'aller à la pêche, au lieu de faire la sieste, s'est mis à son pupitre et a écrit ce morceau extraordinaire. J'ai alors de la gratitude pour cette personne : je respire très fort en songeant à elle, en la remerciant, en lui rendant hommage par-delà les siècles ; ce qui me permet de comprendre émotionnellement, charnellement, que je peux de la sorte connecter toutes mes sources de bonheur à d'autres humains. Si je suis chrétien, si je suis croyant, je peux évidemment encore aller bien au-delà, dans un tourbillon de gratitude qui va m'emmener très très haut dans le ciel !

En conséquence oui, Martin, il y a quelque chose d'originellement relationnel dans tous nos instants de bonheur mais disons qu'on y vient progressivement, on le découvre peu à peu en essayant d'apprendre à être heureux. On se savait capable d'être malheureux tout seul ; en chemin on découvre qu'on peut être heureux grâce aux autres ; et en fin de compte, qu'on n'est jamais vraiment heureux que grâce aux autres.

M. S. : Il n'est de bonheur que relationnel. En effet, même dans la contemplation de la nature, il y a relation : l'expérience de la beauté est universellement – c'est-à-dire *pour chaque homme* – celle de la dilatation d'un cœur qui dit « merci ». Qui dit même « stop ! » parfois, « c'en est trop ! » : car, en général, quand la vie nous comble, elle ne le fait pas à moitié. La beauté est l'expérience paradoxale d'un excès qui apaise, d'une concorde qui, pourtant, nous transperce. C'est pourquoi elle est moins un bien-être qu'un envoi : l'éclat du beau est éclatement de notre petite coquille. Si, d'ailleurs, la contemplation du beau était un simple « bien-être », individuel et privé, on ne comprendrait pas pourquoi, en même temps qu'elle, nous prend un grand désir de la communiquer. Chose extraordinaire : nous nous sentons même d'autant plus riches que nous avons partagé notre joie esthétique, comme si le partage était déjà inscrit dans l'expérience de la beauté, comme s'il en était le but secret, intime…

Si donc vous êtes d'accord pour dire que toutes nos joies sont relationnelles, reconnaîtrez-vous que c'est parce que, par essence, l'homme est un être relationnel ? Par essence, et non par accident, ce qui nous amène sur un terrain non pas seulement psychologique mais métaphysique : l'essence relationnelle de l'homme nous dit quelque chose sur son origine. Chaque être humain est, en son fond, ouverture à plus que soi parce qu'il a été créé à l'image d'un Dieu qui est lui-même trinitaire, dont l'unité doit s'entendre comme une union, une relation d'amour entre le Père et le Fils, qu'on nomme l'Esprit saint. Certes, on peut, mais c'est dommage, se contenter de noter, sans plus, sans l'approfondir, le miracle discret de l'amour, ce miracle qui soutient le monde. On peut se contenter d'identifier ce miracle en refusant toutefois de se laisser conduire vers ce qu'il indique, à savoir : que nous sommes faits pour l'amour parce que nous sommes faits par amour, par le Dieu d'amour.

Aussi aurai-je pour vous une question. Doit-on vraiment s'interdire de dire à quelqu'un qu'il est essentiellement un être de relation, et que son cri, qu'il le sache ou non, va toujours au Dieu d'amour ? Doit-on s'interdire, de peur de ne pas respecter sa liberté, de lui dire ce qui est peut-être, pour vous-même, Christophe, la vérité ? Si je vous ai parlé dans mon intervention de Jésus et de la Croix, ce n'était pas seulement pour rendre hommage aux voûtes célestes de cette cathédrale. Ce n'était pas non plus pour soutenir une thèse un peu démodée, que les uns jugeront au pire inquiétante, au mieux dépaysante. Si j'ai nommé la Croix comme signe universel du bonheur, ce n'est même pas parce que j'ai une foi que d'autres n'ont pas : mais parce que je pense, au sens fort de ce qui est « pesé », mesuré à l'aune de la raison et de l'expérience humaines, que le désir des hommes est, comme le psaume qui nous réunit ce soir, un cri de l'âme vers Dieu et qu'il n'est finalement de bonheur que rapporté à Celui qui en est la source.

Tout chrétien sait qu'il n'est de bonheur pleinement goûté qu'en Dieu ou que, à l'inverse, tout bonheur pleinement goûté ouvre sur Dieu. Un catholique a la chance de savoir que sans un rapport nourri à Dieu, sans l'accueil journalier de sa grâce, il risque de devenir une coquille vide où résonne l'esprit du temps. Si donc, de nos jours, certains sont encore assez fous pour annoncer le Christ, ce n'est pas pour exposer une thèse qui leur est propre, mais par l'amour, certes coûteux et exigeant, de leur prochain. Aussi le médecin que vous êtes doit-il absolument se l'interdire, sous le légitime prétexte de respecter la liberté d'autrui ?

Je crois qu'il ne faut s'interdire de parler de Dieu que lorsque, en en parlant, on ferait un contre-témoignage. J'imagine que c'est le cas souvent dans votre métier : avec un homme cassé par la vie et qui a mille préjugés sur la foi, il vaut mieux lui donner Dieu dans l'oreille qu'on lui tend, dans le silence qui lui permet de parler. Moi-même, dans mon métier d'enseignant, à défaut de pouvoir être discret sur une foi que tout le monde connaît, je m'attache à traiter du mieux que je peux, avec une ouverture philosophique à tous les types de pensées, les questions qu'on me demande de traiter. Mais quand un étudiant vient de perdre son père, son frère ou un ami, quand il est étreint au plus profond de lui par un chagrin d'amour (et tout chagrin est d'amour), il m'arrive de lui faire partager la foi qui fait battre mon cœur, de lui dire que l'espérance est plus forte que les espoirs du monde. Ne pas le faire serait ne pas donner à boire à quelqu'un qui, pourtant, a soif. À force de respecter les opinions privées de chacun (si toutefois notre rapport à Dieu et aux questions essentielles de notre humanité peut être nommé « une opinion privée »), non seulement on fige les gens dans leurs opinions, mais on oublie de les respecter eux-mêmes : on omet de leur annoncer, en vérité, ce qui nous fait vivre. Dieu est dans la « douche chaude », comme vous l'avez si bien dit, mais non dans la bouche tiède, qu'il « vomit » de la sienne[1]. Des structures de soin qui occulteraient tout à fait la dimension spirituelle de l'homme produiraient à terme un individu, certes à nouveau debout et performant, mais qui ne regarderait ni la terre qui le porte, ni le ciel qui l'appelle.

C. A. : Oui, j'entends bien. Pour les croyants en général, et les chrétiens en particulier, ne pas parler de Dieu et de l'espérance serait comme ne pas partager un trésor illimité qu'on a trouvé. Pour autant, en tant que médecin et psychothérapeute, et comme toutes mes consœurs et tous mes confrères, c'est un discours qu'il m'est impossible de tenir. D'abord parce que l'hôpital est un espace laïque, au sein duquel nous n'avons pas à proposer une aide spirituelle : venant de nous, qui sommes soignants, dont les paroles sont attendues et importantes, une telle proposition serait une forme d'influence et peut-être, parfois, de violence. Pour ma part, si je perçois qu'une telle demande existe, même si la personne n'en est pas clairement consciente, je lui

---

1. « Je connais ta conduite : tu n'es ni froid ni chaud, – que n'es-tu l'un ou l'autre ! – ainsi, puisque te voilà tiède, ni chaud ni froid, je vais te vomir de ma bouche », Apocalypse 3, 15-16.

pose la question de sa foi, et s'il y a lieu, je la renvoie vers qui pourra l'aider dans le cadre de sa religion.

Par ailleurs, je ne peux pas faire de la foi un présupposé, une porte d'entrée, une nécessité pour le bonheur, car je pense que c'est d'abord à un autre niveau que cela va se passer le plus souvent. Ce qui est important pour nous, effectivement, c'est d'amener les personnes avec qui nous travaillons, à une posture d'humilité, de gratitude envers chaque instant de leur vie. Peu importe à quelle source elles attribuent la chance exceptionnelle, la grâce exceptionnelle d'être vivantes, d'être là. Notre but est d'aider nos patients à prendre conscience qu'il est merveilleux de vivre, que chaque instant est merveilleux. Ce que je souhaite aussi, mais là c'est plus personnel, c'est qu'ils perçoivent qu'il y a, dans le bonheur, quelque chose qui est de l'ordre du mystère. Pas de l'énigme, du mystère : dans le sens où une énigme est un problème très complexe dont on doit pouvoir trouver la solution, dont on suppose qu'elle existe. Le mystère, lui, nous échappera toujours en partie, tout comme le bonheur, qui est un phénomène neuronal émergent, c'est-à-dire qui découle de la présence simultanée d'un certain nombre de conditions, qu'on ne peut pas toutes contrôler ; c'est pourquoi on ne peut pas le décider, on ne peut pas le convoquer, pas plus que l'amour, pas plus que la foi. Mais on peut faciliter son émergence. Il va apparaître et disparaître, mais on peut agir sur les conditions de son apparition, on peut construire une vie, une vision du monde, une attitude face à l'existence qui fasse que, plus souvent que si nous restons passifs, dans l'attente, quelque chose va se lever qui a le goût du bonheur, qui ressemble au bonheur. Et qui est peut-être bien le bonheur !

D'autre part, j'ai du mal à accepter cette importance que vous accordez à la foi, à m'y engager aussi fortement que vous, car la foi est un cheminement long, plein d'impasses, de détours, qui nous emplit de découragements et de doutes sur les efforts accomplis pour aller sur le chemin. Faire de la foi la clé du bonheur me semble alors bien compliqué, voire risqué. Peut-être ai-je tort, peut-être devrais-je prendre ce risque ? Mais ma foi est lente, incertaine, fragile. Je ne connais aucun chrétien, à commencer par moi-même, qui n'ait jamais douté. Peut-être est-ce parce que je ne fréquente pas les bonnes personnes, mais lorsque j'en parle à mes amis, je vois bien qu'il y a des moments où chacun est dans le doute, dans la peur, dans la perplexité. Est-ce que cela veut dire, à ce moment-là, que tout bonheur nous est impossible ? Ou faut-il chercher à atteindre des formes de bonheur plus modestes, des petits bonheurs très « terre à terre » ? J'aimerais connaître votre réponse à cette question.

M. S. : La foi n'est surtout pas une collection de certitudes, qui nous rend insensible au malheur. Tout au contraire ! La foi consiste selon moi à passer de *la confiance qu'on a*, qui est un sentiment agréable de sécurité, à *la confiance qu'on fait*, après avoir perdu ce sentiment agréable de sécurité. La foi, c'est la relation à Dieu, qui comme toute relation, suppose une distance à la faveur de laquelle s'écrit une histoire, belle et risquée, avec des hauts et des bas. La foi, c'est, par fidélité à Dieu, croire en la fidélité de Dieu, même et jusque dans ses silences. Il y a en ce sens un mystère de la foi : contrairement à ce que dit l'expression « avoir la foi », ce n'est pas nous qui l'avons, mais elle qui, un jour, nous a eus. Comme une future mère qui se prend à aimer, déjà, l'enfant qu'elle porte dans son ventre et qui, pour cela, se met à lui parler, lui confie ses soucis, lui fait partager ses joies : se faire avoir par la foi, c'est tomber enceinte de Dieu. On y tombe par le haut, mais tout de même, on est surpris. Ainsi, depuis que je laisse venir à moi, sans vaines résistances, la saveur du monde et la bonté des êtres, je porte Dieu en moi.

Si la foi est un dialogue, elle aura ses sécheresses, ses orages, ses précipices, ses malentendus et ses ajustements. Il faut justement prier les Psaumes pour savoir ce qu'est la foi. Mais ce que je trouve extraordinaire, quand on entre soi-même dans ce dialogue, quand on a une foi vivante, pratiquée et pratiquante, non de raison mais d'oraison, c'est qu'on peut tout donner à Dieu, même son manque de foi, même ces heures où on ne sent plus rien. Oserai-je dire qu'on doit surtout lui donner ces heures où on ne sent plus rien ? Oui, car c'est là que Dieu veut s'enfanter : dans le désarroi de nos désirs, dans les recoins les moins reluisants de notre intériorité, dans notre étable enfin, au creux de nos cris... Chose intéressante : pour saint Augustin, le premier à crier, ce n'est pas l'homme, c'est Dieu : « Tu as appelé, tu as crié et tu as brisé ma surdité », écrit-il dans *Les Confessions*[1]. Le cri que nous sommes serait finalement l'écho de la clameur divine. Aussi l'ordre que saint Augustin donne dans l'un de ses sermons, « *Tace et clama*[2] », est-il une belle définition de l'entrée en prière. Prier, c'est crier. C'est se plier, c'est supplier :

1. Saint Augustin, *Les Confessions*, livre X, chap. XVII, 38.
2. Saint Augustin « Tais-toi et crie », sermon CXLV, traduit par le père Péronne, in *Œuvres complètes*, tome XVII, *Sermons au peuple*, première série, Louis Vivès, 1872, p. 386.

c'est se mettre devant Dieu, pour demander le pain de vie, la vérité qui me nourrit, comme un nouveau-né que sa mère a oublié de faire téter, nous dit Simone Weil. « Que ces cris que je poussais quand j'avais une ou deux semaines résonnent en moi sans interruption[1] », note-t-elle pour dire le besoin humain de cette présence qui rassasie. Le cri est la toute première technique qui soit donnée à l'être humain. Avant de savoir si je suis sage, si je suis intelligent ou vertueux, je dois donc me demander : suis-je de ceux qui ont faim et qui crient ?

La foi, c'est croire, par la confiance que l'on fait, que l'on obtiendra un jour ce que l'on demande ainsi. Cette croyance repose sur un savoir plus profond : mes qualités plaisent à Dieu, sans doute, mais c'est ma misère qui l'attendrit. La foi n'est pas la fin de ma misère, mais son aveu et, par cet aveu, l'ouverture de cette misère à plus qu'elle-même. Si, d'ailleurs, Dieu ne l'aimait pas, cette misère, au point de la prendre sur lui, il arriverait cette chose impossible que, dans le moindre de mes malheurs, je surpasserais Dieu par le bas ! Si Dieu ne s'était pas fait homme, s'il était resté dans la superbe de sa transcendance, comme ces dieux trop hauts pour s'incarner, alors n'importe quel homme souffrant sur son lit d'hôpital lui serait supérieur. « Des profondeurs, j'ai crié vers toi Seigneur », dit le psaume 129. Un Dieu qui n'y serait pas, dans ces profondeurs, pour hurler avec nous, ou bien pour nous donner la certitude que notre cri traversera l'épaisseur de notre détresse et de notre péché, bref un Dieu abstrait de mes abîmes et de mes peurs, qu'en aurions-nous à faire ?

---

1. Simone Weil, *Cahiers, juillet 1942-juillet 1943*, in *Œuvres complètes*, tome VI, volume 4, Gallimard, 2006, p. 126.

Mais justement le Christ a crié. Lui qui est la Parole, le Verbe ou le Logos, a pris sur lui ce qui n'est pas, ou ce qui n'est plus une parole : le cri. La première parole du Verbe fait chair a été le vagissement d'un nourrisson… Sa dernière parole fut ce cri poussé du haut de la Croix. Et entre ces deux cris, il s'est agi pour lui d'entendre celui des hommes. En se revendiquant soi-même comme le Verbe de Dieu mais en ne s'abstenant pas de crier, le Christ a ouvert d'un coup la parole humaine à ce qui n'est pas ou plus le langage articulé. Il a créé, dans le discours, dans le *logos*, une place pour l'autre du *logos*. Le *logos*, qui est tout à la fois discours et raison, devint, grâce au Christ, le lieu d'accueil de tout ce qui excède le discours ou la raison : que ce soit la violence absurdement subie ou l'amour gratuitement donné. Avec le christianisme, une grande révolution a eu lieu : la Raison, la grande Raison humaine, qui fascinait les Grecs et à qui la Révolution française, dans son fanatisme, voulut construire des temples, la Raison a appris à aimer ce qui excède toute raison. Son « autre », le cri, est tout à coup devenu, « son » autre, un frère dont on est responsable.

Vous voyez que je ne parle pas d'une foi non vacillante, d'une foi qui ne doute pas, mais bien d'une foi qui se remet à un Dieu qui prend tout, même les doutes, même la colère, même la haine. Les chrétiens ne sont pas, je crois, des gens qui doivent apprendre à être « impeccables ». Ce qui fait l'unité de l'Église comme Corps du Christ, c'est le cri qui la parcourt, chacun dans sa prière portant le cri des autres[1]. Ce cri

---

1. Sur ce thème, comme sur le cri en général, voir Jean-Louis Chrétien, *Saint Augustin et les actes de parole*, PUF (coll. « Épiméthée »), 2002, p. 165 et suivantes.

est une offrande qui part de la terre et monte jusqu'au ciel. Aussi les chrétiens n'ont-ils pas peur de tout offrir à Dieu, même et surtout leur haine, afin d'écrire avec elle une histoire qui soit plus que de la haine. C'est-à-dire, ultimement, de l'amour : car l'amour n'est pas l'ignorance de la haine, mais sa traversée. Le chrétien est un homme qui se sait appelé à devenir un saint, confessant ses abîmes, ses impuissances à croire et qui, comme le centurion romain de la Bible, dit à Jésus : « Je crois, Seigneur, viens au secours de mon incrédulité[1] ! »

G. V. : Vous tenez deux discours très « clivants », comme on dit maintenant. La question qui me vient à l'esprit, en écoutant Christophe André, concerne la définition de l'homme comme un être de désir dont les désirs ne sont jamais assouvis. Dans cette vision, l'homme semble pris dans une spirale, un désir assouvi entraînant un autre désir, faisant du bonheur quelque chose d'essentiellement éphémère. Qu'en pensez-vous ?

La position de Martin Steffens, en revanche, suppose qu'il existe une forme de bonheur durable dans la foi au Christ qui comble précisément ce désir sans cesse inassouvi.

En tant que psychothérapeute, Christophe, vous vous situez plutôt dans la *réparation*, démarche évidemment valable et intéressante, mais qui évoque le mythe de Sisyphe. En effet, l'homme étant un être de désirs jamais assouvis, vous êtes sans cesse en train d'essayer de trouver des « rustines » pour le « regonfler » afin qu'il reparte. Travail sans cesse recommencé ! Êtes-vous d'accord avec cette interprétation selon laquelle

---

1. Marc 9, 24.

il y a dans votre démarche un aspect « Sisyphe » et que jamais vous ne trouverez une solution à ce problème, alors que, me semble-t-il, Martin, lui, essaye précisément d'y répondre ?

C. A. : Oui, j'adhère à votre formule : l'humain est un être de désirs dont les désirs ne sont jamais assouvis. Mais ça n'a aucune importance finalement que nos désirs soient assouvis ou ne le soient pas. Oscar Wilde disait quelque chose comme : « Il n'y a que deux tragédies dans la vie. La première est de ne pas obtenir ce que l'on désire. L'autre est de l'obtenir enfin[1]. » La satisfaction des désirs n'a aucune importance en effet, puisque nous allons sauter toute notre vie de désir en désir. C'est encore plus vrai à notre époque, qui suscite tout un tas de désirs pour des choses vaines, inutiles, voire toxiques. Telle est notre condition, dont nous pouvons nous affranchir un petit peu, mais jamais complètement. En tant que médecin, je dirais que notre cerveau est construit comme ça – une machine à pulsions, une machine à désirs – et que ce n'est pas un problème en soi. Cela ne le devient que quand on confond la satisfaction de ses désirs avec le bonheur. On est alors sur une très mauvaise piste, chacun de nous le sait parfaitement.

Chacun de nous sait que ce n'est pas la satisfaction de nos désirs, matériels ou même psychologiques, qui va nous rendre durablement plus heureux. De manière transitoire, la satisfaction du désir nous rend plus heureux, ou moins malheureux : je savoure, je prends conscience, je me sens mieux. Mais, rapidement, il y a cette « habituation hédonique » dont je parlais, le

---

1. Oscar Wilde, *L'Éventail de lady Windermere*, Flammarion, 2012.

quotidien revient, notre niveau de bonheur retombe, et tout est à recommencer. Donc le problème est simple : surtout ne pas confondre bonheur et satisfaction des désirs. Le bonheur n'est pas toujours lié à la satisfaction de nos désirs. Parfois, il nous tombe dessus alors que nous n'avions rien demandé, rien cherché, rien espéré. Parfois, même la satisfaction de nos désirs ne nous comble pas : c'est le bonheur triste de l'enfant gâté qui, à peine comblé, repart en quête d'un autre objet, en proie à la démangeaison chronique et affreuse de l'insatisfaction. Quand désirer nous donne plus de bonheur que savourer, c'est que nous avons encore du travail à faire sur le bonheur…

Pour autant, et pour répondre à votre deuxième question, sur l'œuvre de Sisyphe que représente la quête du bonheur telle que je la suggère, je pense que nous n'avons pas le choix, du moins la plupart d'entre nous. Je pense très sincèrement qu'il n'est pas raisonnable de viser ici-bas un bonheur durable et permanent. Je dis souvent ça à mes patients pour plaisanter, même si ça n'est peut-être pas très drôle pour eux, parfois, et qu'ils se contentent alors de sourire poliment : « Si vous cherchez à être heureux tout le temps, j'ai une bonne et une mauvaise nouvelle. La bonne nouvelle, c'est que cela existe ; la mauvaise nouvelle, c'est que ce n'est pas ici-bas, mais au paradis. Si nous nous y retrouvons, nous y vivrons alors un bonheur durable et permanent ; mais ici nous sommes condamnés à n'être que des intermittents du bonheur, ce qui est quand même quelque chose de très intéressant. »

À certains moments de notre vie, nous pouvons être heureux, puis ces bonheurs s'effaceront, disparaîtront complètement, il y aura des moments où il n'y aura plus de bonheur dans nos vies. Les périodes où nous ne sommes pas heureux, ce ne sont pas des sous-périodes ou des « sous-vies », mais des moments où nous souffrons, des moments où nous sommes perdus, des moments où le bonheur nous semble très, très loin et puis il revient, et puis il repart. Des moments où notre priorité, ça n'est plus le bonheur ou la joie, mais la survie, le combat. Ça ne me révolte pas que les choses soient ainsi, ça ne m'inquiète pas particulièrement ; je pense qu'il y a un temps pour le bonheur et un temps pour l'absence de bonheur, et parfois même, un temps pour le malheur. Le problème, c'est la manière dont je m'organise, la manière dont j'accepte comme une évidence l'intermittence du bonheur, et la manière dont je me révolte en partie contre cette évidence, ou, en tout cas, la manière dont j'agis par rapport à cela, la manière dont je me dis que, malgré tout, je préfère quand même être heureux plutôt que ne pas l'être, et, encore plus, que d'être malheureux. Je vais donc essayer de vivre du mieux que je peux tout ce qui pourrait me rapprocher du bonheur, je vais essayer d'agir, je vais essayer d'aimer, sans attendre que le bonheur arrive immédiatement, mais en l'espérant, tout comme un jardinier qui plante ses graines et qui s'occupe de son jardin, espère qu'un jour il fleurira.

C'est exactement le discours que nous tenons à nos patients déprimés. Celles et ceux d'entre vous qui ont pu être déprimés ou qui ont connu des proches déprimés, savent que c'est très compliqué parce que, quand on est au fin fond de la dépression, on ne peut rien faire. Et puis, quand on commence à en sortir mais qu'on n'est pas encore complètement guéri, on est dans cette phase où les médecins et nos proches nous disent : « Essaie de sortir, essaie d'aller marcher, essaie de prendre un peu de plaisir. » Et les déprimés nous répondent : « Mais c'est terrible parce que : d'abord je n'en ai pas envie, et ensuite, quand je le fais, ça ne me fait pas plaisir ; donc pourquoi me fatiguer, me battre, m'épuiser pour de si maigres résultats ? » Et ce moment-là est un moment très important, où on leur dit : « Quand bien même vous n'avez pas envie de le faire, et même si vous n'avez pas la récompense du plaisir, il est capital que vous le fassiez, que vous vous remettiez à vivre. Et plus vous allez vivre, plus vous allez avancer dans la vie, au lieu de rester enfermé dans votre chambre, plus les conditions du bonheur doucement se remettront en place, et un jour il émergera. » Et, vraiment, c'est comme cela que ça se passe en réalité.

Par conséquent, pour répondre à votre question, je suis persuadé, en tant que médecin, que chercher une forme de bonheur permanente, même au travers de la foi, n'est pas accessible à la plupart d'entre nous. Je pense qu'il y a des êtres qui font exception, je pense qu'il y a des personnes qui peuvent s'approcher de cela : celles dont la foi est exceptionnelle, celles dont l'intelligence de vie est exceptionnelle. Mais en ce qui me concerne, en tant que médecin, en tant que guide et pédagogue pour mes patients, ça n'est absolument pas un objectif que je leur fixerais ; ou que je fixerais à moi-même.

M. S. : Saint-Just disait, à la fin du XVIIIe siècle, que le bonheur était une idée neuve en Europe. On s'est mis à viser le bonheur pour lui-même et celui-ci est subitement devenu le mobile numéro un, détrônant l'honneur, la vertu, Dieu, etc. Ce constat étant fait, une question se pose : viser le bonheur pour lui-même, cela rend-il heureux ? Prenons l'exemple de la famille de nos jours : chacun s'accordera à dire qu'elle ne va pas très bien. Les jeunes couples se séparent en grand nombre : après la période de vie amoureuse, après la naissance des enfants, ils ne se sentent plus assez heureux ou ne reconnaissent pas dans leur vie commune, faite de renoncements et de labeurs, l'idée qu'ils avaient du bonheur. Ils décident, puisqu'on n'a qu'une vie et qu'elle *doit* être heureuse, de se séparer et essayent de refaire autre chose, souvent pour tomber dans une situation qui, sur le long terme, n'est pas meilleure. Or qui a dit que la famille que l'on fonde avait pour fonction de nous rendre heureux ? Pourquoi l'indexer, elle, l'institution première qui donne aux nouveaux venus de naître dans un monde accueillant, sur le bonheur individuel de ceux qui en ont la charge ?

Le terrible contresens qu'on fait actuellement sur la famille, qui est à l'origine de sa crise, vient précisément de ce qu'on imagine le bonheur comme un but à viser. Il faut ici se rappeler l'histoire de Salomon[1]. Quand Dieu apparaît en songe à Salomon, qui n'est encore qu'un jeune homme, pour lui demander ce qu'il désirerait recevoir, le futur roi ne répond pas : des richesses, un long règne, la mort des ennemis, mais seulement : « un cœur qui écoute ». Or, pour cela même qu'il n'a rien demandé que ce « cœur intelligent », non seulement Dieu le lui donne, mais il lui donne par surcroît tout le reste. Cette petite histoire nous dit que le bonheur advient toujours par surcroît, quand on ne le vise pas d'abord. Il ne sourit qu'à ceux qui se soucient d'abord

1. Voir 1 Rois 3, 4-15.

du « Royaume de Dieu et [de] sa justice[1] », qui se vouent à l'essentiel : avoir un cœur intelligent est plus essentiel que couler des jours heureux. Le bonheur est donc la récompense, non directement désirée mais, par là, d'autant mieux accueillie, qui revient à ceux qui n'en font pas leur mobile numéro un. Pour ce qui est de la famille, la chose est claire : institution première, elle requiert de nous mille renoncements. Mais quel bonheur plus grand que cette histoire d'amour (car la famille commence par le couple) qui s'écrit au fil des âges de la vie ? Quelle joie plus forte que celle d'entendre les rires des enfants attablés, à qui mon travail, ma patience, mes combats de père et de mari offrent une assise sur laquelle bâtir leur petite vie ? Je n'allais quand même pas rendre tout cela impossible, sous le pauvre prétexte que, moi d'abord, je revendique le droit d'être heureux ! Car précisément, je le suis, heureux : cette histoire et ces rires, ces instants fugaces de bonheur sont ma récompense, qui m'advient par surcroît, comme une grâce.

C. A. : Sans doute Martin est-il dans le vrai lorsqu'il nous rappelle que le bonheur ne doit pas être poursuivi avec trop d'assiduité ou d'impatience, qu'il nous vient parfois de surcroît. Mais attention à ce que cette vision, qui nous aide, certes, à tempérer nos impatiences, ne débouche pas sur un peu trop de passivité. Car nous avons grand besoin du bonheur pour vivre. J'aime beaucoup cette remarque de Paul Claudel : « Le bonheur n'est pas le but mais le moyen de la vie. » Ce que veut dire Claudel, c'est que nous ne vivons pas *pour*

---

1. « Cherchez d'abord le Royaume de Dieu et sa justice, et le reste vous sera donné par surcroît », Matthieu 6, 33.

être heureux, ou que nous ne vivons pas *que* pour être heureux, mais que nous pouvons traverser cette vie grâce au bonheur, grâce aux instants de bonheur qui nous sont parfois offerts. Et que, sans ces instants de bonheur, la vie serait intenable. C'est ce que vivent les dépressifs qui ont ce symptôme appelé l'anhédonie : l'incapacité à ressentir du bonheur, du plaisir, et qui, de ce fait, ne voient plus la vie que comme une succession d'épreuves ; ce qu'elle est aussi, mais pas uniquement. Ce sont les éclaircies que nous permet le bonheur qui nous donnent l'énergie de traverser les épreuves. Ainsi, voilà pourquoi le bonheur n'est pas seulement le but, mais aussi le moyen de la vie. Voilà pourquoi nous avons besoin de lui ; voilà pourquoi, à mes yeux, la psychologie positive n'est pas un thème gentillet ou rose bonbon, mais une démarche importante et sérieuse.

G. V. : En définitive, le point de clivage entre vous deux est peut-être la notion de vertu. Martin, je déduis de ce que vous nous avez dit que vous êtes un être vertueux, c'est-à-dire que le bonheur, tel que vous le concevez, passe par une éducation du désir, c'est-à-dire par l'acquisition de vertus. N'est-ce pas ce que nous serions en train de redécouvrir par rapport à une vision dans laquelle le bonheur résiderait dans la satisfaction immédiate du désir : tout et tout de suite, comme la postmodernité nous y invite ? N'est-on pas précisément en train de redécouvrir cette dimension éducative, vous qui êtes pédagogue ? Et n'est-on pas là devant un enjeu extrêmement important aussi du point de vue de la psychothérapie ?

M. S. : Je suis quelqu'un d'assez peu vertueux : chez moi, la colère, les excès et les peurs prennent souvent le dessus sur la prudence et la tempérance. Mais, là encore, ce n'est peut-être pas si grave. L'homme vertueux crie-t-il assez ? Voilà pour moi l'essentiel : non pas être parfait, mais être axé, articulé à Celui qui répond du cri que nous sommes. On peut donc, dans la forme, être de sales gosses, et même dire : « Tout, tout de suite ! » Pourvu que ce qu'on veuille « tout de suite », ce soit bel et bien « Celui qui est tout », et non pas ce qui nous perd et nous disperse. C'est peut-être cela la sainteté : vouloir être arraché, ici et maintenant, et jour après jour, par Dieu à tout ce qui n'est pas lui. Succomber d'amour, toujours plus et tout de suite. Est-ce là la vertu ? Ou bien est-ce folie, excès, démesure ? Je suis parfois un peu embêté par l'aînée de mes filles, qui a un caractère absolument explosif, ce qui à la fois charme beaucoup de gens et en agace tout autant. C'est une petite fille qui est dans le « tout, tout de suite ». D'abord, ça me complexait beaucoup par rapport à d'autres parents, dont les enfants étaient plus calmes, plus sages, plus vertueux... Ne lui ai-je pas donné, moi aussi, une éducation ? Puis, j'ai pensé à sainte Thérèse de Lisieux qui était, dans son genre, une véritable enfant gâtée : parce que mademoiselle veut entrer à quinze ans au Carmel, elle ira insister auprès du pape lui-même ! Tout, tout de suite : être une sainte, dès aujourd'hui, vivre dès maintenant en enfant chérie du Christ. Est-ce répréhensible ? Non, car, si la forme était cavalière, le but était beau. Il ne faut avoir la prudence que de la fin (aimer Dieu), non pas nécessairement des moyens. En ce sens, devenir un saint, c'est s'élucider comme l'enfant gâté de Dieu, de ce Dieu qui, privilège des chrétiens, ne nous nomme plus « serviteurs », mais « fils ». Ainsi, si l'on ose prendre les choses du côté de Dieu, on pourrait considérer le saint comme l'un de ses caprices. Tandis que le prophète est comme une sainte colère de Dieu, le cri qu'il pousse vers nous, le saint est, quant à lui, un luxe que Dieu se paie dans l'une de ses créatures. Il est un signe de vie que nous adresse ce Dieu qui veut qu'on l'aime non seulement par-dessus tout, mais ici et maintenant.

C'est pourquoi, s'ils sont frappés par la grâce, les saints sont avant tout « frappés » tout court : fous, animés comme saint Pierre Damien d'une sainte fureur (« *sancto furore permotus* », dit le pape de son temps), ou comme saint François, d'un irrépressible besoin d'aimer, jusqu'aux vers de terre, embrassant le lépreux, proposant au sultan de se jeter avec lui dans le feu. Si donc la vertu, c'est être sage, et si être sage, c'est l'être comme une image, figée et cadrée, alors mieux vaut ne l'être pas trop.

Mais il est vrai, pour revenir à votre question, que si la vertu, aimée pour elle-même, sans son lien à la vertu suprême, la charité, m'effraie, à l'inverse le plaisir m'intéresse peu. Faire toute une philosophie du plaisir, l'ériger en norme de conduite ou en principe éthique, en faire le centre de l'épanouissement personnel, etc., tout cela m'a toujours paru d'une tristesse ! Si, personnellement, j'étais très gourmand, je n'irais jamais, comme Épicure et ses nombreux disciples, en faire une thèse. En ce sens, je crois, en effet, qu'il y a un primat de la vertu, au sens de ce qu'il est requis de faire pour s'accomplir comme homme, sur les plaisirs qu'on peut tirer de la vie. Et par exemple, actuellement, je suis heureux de vous parler, et pourtant j'ai soif, mon costard me gratte et je suis fatigué par le trajet. Peu de plaisir – beaucoup de joie. De même, mieux vaut se disputer avec sa femme, si désagréable que cela soit, mieux vaut endurer l'épreuve de vivre avec un autre que soi, bel et bien réel, que d'avoir solitairement recours aux plaisirs virtuels et technicisés que nous offre la société hédoniste et de consommation. Mieux vaut enfin partager avec son ami un fromage un peu trop fait sur le pain de l'avant-veille que de dîner dans un restaurant de luxe avec des collègues qu'on méprise. On me dira : mieux vaut avoir les deux, plaisir et joie, bon fromage et bon ami. Certes, mais on voit que ce qui décide de la qualité du moment, c'est la joie : un plaisir peut être joyeux, comme il peut être triste. Le plaisir du toxicomane est d'autant plus fort que sa crise de manque était grande. En ce sens, et selon les mécanismes du plaisir, il n'est sans doute pas de plaisir plus grand que de s'injecter un tel poison dans les veines… Mais quelle tristesse pour celle ou celui qui en arrive là !

Oui, il est des plaisirs tristes, comme il est de joyeuses peines. Aimer est l'une d'elles. Joie douloureuse d'aimer, en effet, puisqu'aimer c'est faire, en soi, une place pour un autre que soi. C'est consentir à ce qui me creuse, à faire en moi-même un vide, vide qui fait mal quand il ou elle me manque et qui n'est jamais assuré d'être toujours comblé : ceux qu'on aime sont si fragiles ! Aimer n'est pas facile, lorsque le plaisir est partout à portée de main. Mais aimer est bel et bien une aventure digne de notre humanité quand le plaisir n'est que celle de l'animal en nous.

C. A. : J'ai tendance à considérer le désir, et sa satisfaction qu'est le plaisir, comme une source de bonheur respectable, mais limitée, fortement limitée, à la satisfaction des besoins corporels (alimentation, soins du corps, sexualité), ou intellectuels (comprendre, découvrir). Tout plaisir peut être un bien. Mais tout plaisir ne peut pas être un bonheur (il y manque la conscience) et une vie de plaisir n'est pas une vie heureuse (il y manque le sens). Cependant, je me garde de mépriser le plaisir. Lorsque nous faisons des recherches sur le bonheur, nous étudions ces deux dimensions (issues de la tradition philosophique, d'ailleurs) que sont la dimension hédonique, c'est-à-dire la recherche des plaisirs, et la dimension eudémonique qui est au fond l'accomplissement de nos vertus, la recherche de nos valeurs. Les deux sont nécessaires. On compare souvent cela à un bateau à voile (que remplit le souffle des plaisirs) avec son gouvernail à l'arrière (le sens que nous voulons donner à notre vie). Le bonheur hédonique est le bonheur lié à toute cette prise de conscience des petits et grands plaisirs de notre quotidien : la bière qui désaltère, le jeu avec mes enfants, le fait d'aider un patient à aller mieux, tout ça me rend heureux et ce sont des sources d'énergie. Tous ces plaisirs, tous ces bonheurs du quotidien, cette dimension hédonique du bonheur, ce sont les risées du vent dans la voile, qui font avancer le bateau. Et puis les vertus, la poursuite de ce qui me semble beau, bon, juste, c'est le gouvernail qui me fait aller dans telle ou telle direction. Un bateau sans gouvernail irait n'importe où, ballotté par les vents. De même, un bateau sans voile serait, lui, à la merci des courants, malgré son gouvernail. Par conséquent, pour nous il n'y a vraiment aucun antagonisme, les deux sont nécessaires, la source d'énergie et les grandes directions vers lesquelles je veux tourner ma vie. Pour autant, comme notre société affole nos désirs, nous devons développer une vigilance quant à leur identification et leur satisfaction. Nous ne sommes plus seulement dans une société de consommation, qui cherche à répondre sans délai au moindre de nos désirs, mais dans une société d'hyperconsommation, qui cherche à créer sans cesse en nous de nouveaux désirs, des désirs que nous n'avions pas, ou pas si souvent, ou pas si violents, pas si urgents. Voilà un argument de plus pour prendre le temps de réfléchir à son bonheur et à ce qui le construit : si nous ne le faisons pas nous-mêmes, d'autres seront trop heureux de s'en charger pour nous. Et de nous égarer…

CONCLUSION

Martin Steffens : Nous avons entendu, entre chacune de nos interventions, de très beaux chants : plaisir et joie mêlés. J'espérais que de nouveaux chants me laisseraient quelques minutes pour réfléchir à une éventuelle conclusion. Me voilà pris de court… Tant pis, allons-y pour une conclusion sur le chant ! Le chant est l'objet d'un des chapitres de mon essai *Vivre ensemble la fin du monde*, livre qui défend une posture existentielle subtile mais nécessaire, je crois, en nos temps de grands troubles. Contre les pessimistes, je pense qu'il ne sert à rien de s'attendre au pire, puisque le pire auquel on s'attend n'est précisément par le pire, puisqu'on s'y attendait. Mais contre les optimistes, qui positivent à tout-va et interdisent toute inquiétude, je crois qu'il faut faire droit à l'épreuve de ce monde qui ne sait plus de quoi il a réellement besoin et s'agite dangereusement à combler des désirs étrangers à notre faim profonde. Réalisme accueillant, donc, lucidité joyeuse. Or, le chant est précisément ce qui nous permet d'être unis à même la déchirure. Ainsi les psaumes, quand ils sont des supplications, demandent, pour être chantés pleinement, que l'on ait parfaitement accueilli la déchirure qu'ils expriment, mais de telle sorte que, dans cet accueil, nous ne soyons pas nous-mêmes déchirés – sans quoi, pourrions-nous seulement les chanter ? Miracle du chant de deuil ou d'amour qui dit harmoniquement la perte de tout repère, qui dit sans violence la violence de l'épreuve. Miracle du psaume, là encore, qui prend dans son chant jusqu'à l'impossibilité de chanter. Pensez au psaume 136, pensez à la réponse *chantée* que le psalmiste exilé fait à l'injonction de son oppresseur de lui chanter un air de son pays : « Comment chanterions-nous un chant du Seigneur sur une terre étrangère ? »

Le chant, parce qu'il est une façon d'adhérer à la souffrance, sans la nier mais sans s'y complaire toutefois, nous guérit du fonctionnement binaire qui est souvent le nôtre : il y a, croit-on, soit le confort d'une vie réussie (dont on pressent avec angoisse qu'il est bien fragile), soit le malheur qui finira sans doute par nous rattraper. Ce que j'ai essayé de penser avec vous, c'est une présence à la vie qui fait que, jusque dans la déchirure, on puisse être réconcilié avec sa vie, on puisse trouver de quoi avancer. Ne pas nécessairement guérir ou ne pas guérir à tout prix, ne pas même être heureux à n'importe quel prix, mais tenter toujours de faire de ce malheur, de ces bonheurs, quelque chose comme une clameur, un chant… ou bien une histoire, un récit. Vous avez remarqué : dès lors que l'on peut se raconter, même si c'est pour dire l'histoire d'une immense tribulation, d'un grand chagrin, quelque chose s'harmonise, on se réconcilie avec ce que l'on est. Cela n'est possible que parce que l'histoire de notre vie, comme l'avait compris saint Augustin en écrivant *Les Confessions*, est précisément faite pour être adressée, offerte, racontée, « confessée ». C'est ce qui rend la solitude si difficile : n'avoir personne, le soir, à qui raconter sa journée. Et c'est ce qui rend Dieu si nécessaire : avoir quelqu'un qui puisse tout prendre de ma vie, même l'inénarrable.

Vivre pour la raconter : tel est le titre de l'autobiographie romancée de Gabriel García Márquez. Vivre pour l'aimer, la chanter, l'habiter, dans ses hauts et ses bas, pour en faire une histoire aux chapitres bouleversants.

CHRISTOPHE ANDRÉ : Nous avons pu comprendre, au travers de cet échange, que le bonheur n'est pas un sujet rose bonbon. Martin en parlait par rapport au sang du Christ, je crois, en disant que le bonheur peut être vu comme rouge vif, rouge comme ce sang ; et c'est vrai qu'un de mes principaux messages, lorsqu'on me parle du bonheur, ou lorsqu'on me demande de parler du bonheur, c'est de rappeler, de marteler, que le bonheur ne consiste certainement pas à « tout positiver ». J'ai beau être spécialisé dans la psychologie positive, dans la psychologie du bonheur, il me semble qu'il y a quelque chose d'indécent à vouloir toujours *positiver*. Il me semble que, au contraire, le bonheur est un sujet tragique, magnifique, intimidant, grave.

Je vous disais tout à l'heure que le bonheur, d'une certaine façon, peut être vu comme ces moments où nous prenons conscience de l'harmonie qui habite nos vies, des grâces qui font irruption dans nos existences, et auxquelles nous sommes parfois aveugles. Il faut absolument que nous en soyons conscients, il faut que nous ouvrions les yeux pour voir à quel point elles sont nombreuses, bouleversantes, nourrissantes et révélatrices de ce qu'est la vie humaine. Mais nous avons besoin pour cela de la conscience, et c'est Albert Camus qui écrit dans son ouvrage *L'Envers et l'Endroit* :

« Ce n'est plus d'être heureux que je souhaite maintenant, mais seulement d'être conscient[1]. » Cependant, la conscience ne peut pas être sélective : lorsque je suis conscient, je suis aussi conscient du malheur, de l'adversité, que ce soit le malheur ou l'adversité qui existent dans ma propre vie, ou dans l'existence humaine en général. Woody Allen a dit : « Depuis que l'homme sait qu'il est mortel, il a du mal à être tout à fait décontracté » ; et c'est vrai que nous avons aussi à affronter cette grande échéance de la mort et qu'on pourrait se dire : puisqu'on va tous mourir, à quoi bon se fatiguer à être heureux ou pas heureux ? Attendons que ça passe et puis on verra bien...

Mais, bien sûr, ça ne marche pas : cette conscience qui peut nous ouvrir au bonheur, qui peut ouvrir presque tous les moments de notre vie à quelque chose qui s'apparente au bonheur, va aussi nous ouvrir les yeux sur le malheur – le nôtre, celui des autres, le malheur et les peurs qui frappent les humains ici-bas – et nous conduire à voir que tout cela fait partie intégrante de nos existences, et que le seul moyen de vivre, le seul moyen de pouvoir traverser cette existence en étant aussi heureux que possible, c'est de cultiver une forme de sagesse. Il y a une définition de la sagesse que j'aime beaucoup. Je l'emprunte à André Comte-Sponville : « La sagesse, c'est le maximum de bonheur dans le maximum de lucidité[2]. » Autrement dit, comment être aussi heureux que possible sans être naïf, sans être aveugle, en acceptant la part obscure

---

1. Albert Camus, *L'Envers et l'Endroit*, Gallimard (« Folio essais »), 1986, p. 119.
2. André Comte-Sponville, *Le Bonheur, désespérément*, J'ai lu (« Librio »), 2002, p. 81.

de nos existences, la part sombre du monde ? La seule démarche de bonheur viable, c'est de résoudre et de pratiquer cette équation ; c'est d'accepter que, dans nos vies, quoi que nous fassions, nous rencontrerons l'adversité, que, quoi que nous fassions, nous rencontrerons la souffrance, la mort, la maladie, chez nous, chez les gens que nous aimons, chez toutes les personnes que nous connaissons. C'est d'arriver à ce que, malgré tout ça, nous nous sentions tout de même heureux de mille et une façons, que ce soit grâce à notre foi, grâce à toutes les stratégies psychologiques que j'ai évoquées, que ce soit par grâce, par chance ou par hasard. Mais nous savons que grâce, chance et hasard tombent bien plus souvent sur les esprits préparés et les cœurs grands ouverts…

Et si vous le permettez, je conclurai sur un tout petit passage d'un auteur qui m'a énormément marqué et me bouleverse à chaque fois que je le relis. C'est une écrivaine russe qui vivait au temps de l'Union soviétique et qui s'appelait Evguénia Guinzbourg. Elle était militante communiste sous Staline, ce qui n'était pas une chance, puisque Staline, grand paranoïaque, dirigeait le pays avec l'obsession à demi délirante de complots ourdis contre lui, par ses opposants ou ses militants. Un jour, Evguénia Guinzbourg, qui était une militante ordinaire, se fait arrêter au petit matin, pour être conduite au tribunal du peuple, où on lui explique qu'elle a commis des crimes de haute trahison et qu'elle va avoir de gros ennuis. Les juges se retirent pour délibérer. Sachant qu'elle risque vingt ans de goulag, ou une exécution sommaire, elle est là entre ses deux gardes, attendant que les juges reviennent. À sa place, évidemment, j'aurais été angoissé, affligé, révolté, ou un mélange de tout cela. Vous aussi, sans doute. Mais elle ne fonctionne pas comme tout le monde. Tout à coup, comme elle le raconte dans ses mémoires[1] en une scène étonnante, quelque chose l'arrache à cette situation tragique et absurde : elle tourne la tête vers une fenêtre tout en haut de la pièce, à travers laquelle elle voit un grand arbre qui remue tout doucement dans le vent, dans le ciel bleu du printemps, et, pendant deux ou trois minutes, elle est bouleversée par cet arbre. Elle se sent profondément émue, heureuse comme si c'était la première fois qu'elle voyait un arbre bouger dans le vent. Elle sent sans doute aussi, même si elle ne l'écrit pas, que c'est peut-être la dernière fois… En tout cas, elle attend, comme ça, le regard vers le ciel et l'arbre, que les juges reviennent lui annoncer la sentence (elle ne sera pas fusillée mais *seulement* condamnée à dix ans de goulag). Ce passage m'a fasciné parce qu'il révèle une forme d'intelligence du bonheur assez exceptionnelle. Cette femme est impuissante face à une situation injuste et menaçante, à laquelle elle ne peut rien changer : qu'elle se fasse du souci, qu'elle se lamente, qu'elle se roule par terre, qu'elle insulte les juges, qu'elle se jette sur les soldats qui la gardent, ça ne changera rien. Alors, attendant le jugement, elle se tourne vers l'instant présent, vers ce qui est disponible. Et elle extrait, du peu qui est à sa disposition, le maximum d'émotion, le maximum de bien-être et, à mon avis, le maximum de bonheur et d'intelligence.

Voilà qui montre à quel point nous pouvons, par notre alchimie psychologique, par notre intelligence

---

1. Voir Evguénia Guinzbourg, *Le Vertige*, Éditions du Seuil (« Points »), 1981.

d'êtres humains, transformer – parfois même dans la plus grande adversité – de tout petits instants insignifiants, à côté desquels nous pourrions passer sans y prendre garde, en instants très brefs, très limpides, très transitoires, de bonheurs extrêmement intenses.

Tout à l'heure, en vous écoutant évoquer l'image de Sisyphe poussant son rocher, qui retombe à chaque fois vers la vallée alors qu'il se rapproche du sommet, je pensais au beau texte d'Albert Camus à son propos. Évoquant ce labeur à recommencer sans cesse, Camus n'y voit rien de désespérant, et note ceci : « La lutte elle-même vers les sommets suffit à remplir un cœur d'homme. Il faut imaginer Sisyphe heureux[1]. » Voilà : le rocher de notre bonheur redescendra sans cesse, toute notre vie durant, vers la vallée sombre où le soleil n'arrive jamais. Nous aurons simplement à recommencer, inlassablement, à le rouler vers la lumière. Et à ne pas oublier d'être heureux…

---

1. Albert Camus, *Le Mythe de Sisyphe*, Gallimard (« Folio essais »), 1985, p. 168.

Remerciements

À Christophe André et Martin Steffens, pour avoir accepté de participer à ce débat.

À la mairie de Rouen, fidèle partenaire de la *disputatio* dans le cadre des fêtes Jeanne d'Arc.

À Annie Prieux, qui a assuré la transcription des débats, et à Adeline Gouarné, qui en a fait la relecture.

À Dominique Canu, intendant de la cathédrale et à son équipe, pour leur accueil chaleureux.

À Lodric, François et à tous ceux qui ont assuré l'organisation matérielle de cette rencontre.

Table

Les essais
au Passeur Éditeur

Gilles Babinet
L'ÈRE NUMÉRIQUE, UN NOUVEL ÂGE DE L'HUMANITÉ

Isabelle Barth, Yann-Hervé Martin
LA MANAGER ET LE PHILOSOPHE

Alain Galliari
RICHARD WAGNER OU LE SALUT CORROMPU

Fabrice Hadjadj
PUISQUE TOUT EST EN VOIE DE DESTRUCTION

Alain de La Morandais
LETTRE OUVERTE AUX FIDÈLES
ET AUX REBELLES DE L'ÉGLISE

Yann-Hervé Martin
PETIT TRAITÉ DE LA LIBERTÉ INTÉRIEURE

Francis Métivier
ZAPPING PHILO
RAP'N PHILO

François Roche
UN VOYAGE EN ALLEMAGNE

Marc Pierre Stehlin
LETTRE OUVERTE À CEUX QUI NOUS GOUVERNENT
ET NOUS PRENNENT POUR DES C...

La spiritualité au Passeur Éditeur

Léonard Appel
MONTRE-TOI VIVANT

Daniel Facérias
INSURRECTION DE LA BEAUTÉ

Harvey J. Fields
LA TORAH COMMENTÉE POUR NOTRE TEMPS
LA GENÈSE

Laurence Freeman
LA VOIE DE LA CONTEMPLATION

Patrice Gourrier
DEVIENS CE QUE TU ES

François Granger
LA VOIE DES HÉROS DE L'ÉVEIL

Jean Lavoué
L'ÉVANGILE EN LIBERTÉ

John Main
MÉDITER CHAQUE JOUR
ET TROUVER LA PAIX INTÉRIEURE

CET OUVRAGE A ÉTÉ COMPOSÉ
EN PALATINO CORPS 11,5
PAR NORD COMPO
À VILLENEUVE-D'ASCQ (NORD).

ACHEVÉ D'IMPRIMER
SUR ROTO-PAGE
PAR L'IMPRIMERIE FLOCH
À MAYENNE, EN JUILLET 2014,
SUR PAPIER LAC 2000,
POUR LE COMPTE DU PASSEUR ÉDITEUR.

L'Imprimerie Floch est titulaire du label Imprim'Vert®

IMPRIM'VERT®

Dépôt légal : septembre 2014.
N° d'imprimeur : 87061.
Imprimé en France.